KB096771

미니멀리스트

| 홀가분한 인생을 살고 싶다면 |

미니멀리스트

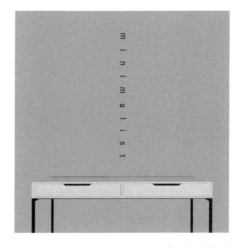

minimalist

조슈아 필즈 밀번 · 라이언 니커디머스 지음 | 신소영 옮김

이상

지금 우리 사회에 일렁이는 변화의 바람 가운데 하나는 성장주의 시대의 종말입니다. 앞으로 다가올 저성장 시대에는 예전처럼 모두가 부러워하는 성공과 성취를 꿈꾸기 어려울 것입니다. 그러나 적게 소비하고 적게 소유하는 삶, 자발적 소박함을 통해 내면과 정신의 풍요로움을 가꾸어가는 삶, 자신만의 작은 세계를 구축하고 즐기는 삶은 가능합니다. 지금 이 시대에 자신의 존엄과 행복, 타자와의 공존을 위해서는 최소한의 삶, 즉 미니멀리즘을 삶에 적용해야 합니다. 미니멀리스트로 살아가길 선언한다면 소유는 작아지지만 더욱 풍요롭고 섬세한 삶이 펼쳐질 것입니다. 저자는 이 책을 통해 최소한의 삶이 얼마나 기능적인 동시에 아름다울 수 있는지, 그리고 그것이 단지 이상이 아니라 어떻게 현실화될 수 있는지 구체적으로 보여줍니다.

– 명상철학자 김범진(《스티브잡스 iMind》 저자)

미니멀리스트, 새로운 여행을 떠나다

모든 여정에는 방향과 목적지가 있다. 웹사이트 미니멀리스트를 시작했던 2010년 당시 우리는 두 가지 목표를 세웠다. 하나는 미니멀리즘의 여정을 기록하는 것이고 또 다른 하나는 우리의 메시지가 가치 있다고 여기는 사람들에게 우리와 비슷한 여행을 떠나도록 독려하는 것이었다. 하지만 웹사이트가 이렇게 빨리 인기를 얻을 줄은 몰랐다. 우리는 여정의 방향을 알고 있었지만, 최종 목적지에서 뜻밖의 기쁨을 발견했다.

우리의 메시지인 '조금만 소유하고 의미 있는 인생 살기'는 많은 사람들로부터 공감을 얻었다. 그리고 사람들은 우리의 메시지를 자발적으로 자신들의 친구, 가족, 동료들과 공유

했다. 1년이 채 되지 않아 웹사이트 방문자 수는 한 달에 10만 명이 넘었고 우리는 월스트리트저널, NPR, CBC, CBS, FOX, NBC 등 각종 텔레비전, 라디오, 인쇄매체와 인터넷 매체를 통해 수십 차례 소개되는 행운을 누렸다. 게다가 우리가 쓴 에세이는 〈타임〉지가 선정한 세계 최고의 블로그 '젠 해빗츠Zen Habits' 등 다수의 유명 웹사이트에 게시되었다.

미니멀리즘을 발견하기 전 우리 모습은 지금과 매우 달랐다. 사치스러운 삶을 누렸던 20대 시절의 우리는 우리가 '성공했다고 믿었다.' 우리는 아메리칸 드림을 실현한 존경 받는 젊은 전문가들이었다. 행복은 우리 손 안에 있었다. 아니, 그렇게 생각했다.

생각해보라. 당시에도 가장 친한 친구였던 우리는 오하이오 주 데이턴에 살며 억대 연봉을 받는 직업과 좋은 차, 큰 집과 많은 장난감, 그 밖의 넘쳐나는 물건들을 소유한 20대 후반의 청년이었다. 우리는 회사에서 승승장구했고 그에 따라 직원 수백 명을 채용하고 코치하고 교육시키는 등 폭넓은 리더십 경험을 쌓아나가고 있었다.

하지만 우리는 많은 것을 '성취'했음에도 불구하고 삶에 만족하지 못했다. 우리는 진정으로 행복하지 않았다. 그리고 한 주에 70~80시간을 일하고 더 많은 물건을 사들이는 일로는 공허한 마음을 채울 수 없다는 사실을 깨달았다. 사실 그 반대였다. 물질적인 소유가 지나치게 많아질수록 행복 대신 빚과 걱정, 스트레스와 불만이 쌓여갔고, 그 끝에는 몸과 마음을 해치는 우울증이 기다리고 있었다. 인생이 통제를 벗어날수록 우리는 정말 중요한 것을 알아보는 능력을 잃어갔다.

마침내 2010년에 우리는 미니멀리즘 원칙을 적용하여 인생의 자율권과 통제권을 되찾았고, 지난 몇 년간 갈망해왔던 만족감을 발견했다. 우리는 모든 것을 간소화했다. 우리가 지닌 물건의 상당수를 버렸고, 쌓인 빚을 청산했으며, 규모를 줄일 수 있는 것은 줄였고, 보다 목적이 분명한 삶을 살기로 결심했다. 우리가 만든 웹사이트에는 미니멀리즘을 실천하는 삶의 여정과 실험을 통해 지속적으로 성장해 나아가는 우리의 모습이 매우 자세하게 기록되어 있다.

우리는 열정이 샘솟는 일에 충분한 시간을 집중하려고 2011년에 회사를 그만뒀다. 그 후로 미니멀리즘에 대한 책을 두 권 펴냈고, 단순한 삶에 대한 에세이 수백 편을 썼으며, 미국, 캐나다의 33개 도시를 종횡무진하며 여행했다. 그 과정에서 멋진 독자들과 만나 대화를 나누고 인생을 근본적으로 변화시키는 일에 대한 그들의 진심 어린 경험담을 들었다. 두 권의 책은 베스트셀러가 되었고 그 덕분에 전 세계 151개국의 독자들의 손과 마음에까지 우리의 메시지가 닿을 수 있었다.

———————

이 책은 우리가 2011년과 2012년 사이에 썼던 길고 짧은 글 가운데 가장 중요하다고 생각하는 에세이들을 담고 있다. 에세이는 크게 '물질적 소유, 목적이 있는 삶, 인간관계'에 대한 주제로 분류되어 있으며, 각 주제에 대한 다양한 소재와 관점, 주장을 다루고 있다. 우리는 여러분이 여러분의 삶에서 불필요하게 많은 것들에 대해 비판적으로 생각하고, 궁극적으로는 목적이 있는 삶을 살기 위해 행동하길 권하려고 이 글들을 썼다.

이 책을 동네 도서관에서 빌렸든, 인터넷서점에서 주문했든, 친구로부터 선물 받았든 관계없이 즐겁게 읽어주길 바란다. 이 책이 마음에 든 독자라면 부디 다른 친구에게 책을 빌려주고, 인터넷서점이나 블로그에 유익한 서평을 남겨서 우리의 메시지를 널리 전파해 주었으면 좋겠다. 우리의 책이 여러분의 삶을 더 가치 있게 만들길 진심으로 희망한다.

2장 ── 의미 있는 인생을 산다는 것

3장 —— 진정한 인간관계를 만든다는 것

4장 —— 미니멀리스트로 산다는 것

1장

물건을
소유한다는 것

minimalist

미니멀리즘이란 무엇인가?

미니멀리즘이란 대체 뭘까? 사실 매우 간단하다. 미니멀리스트가 되려면 자신의 소유물을 100개 이하로 줄여야 하고, 차나 집이나 텔레비전을 없애야 하며, 직업도 갖지 말아야 한다. 또 이름을 발음하기도 힘든 이국적인 장소에서 살 수 있어야 하고, 웹사이트를 시작해야 하고, 아이도 갖지 않아야 하고, 누리던 특권을 모두 버려야 한다.

물론, 농담이다. 하지만 미니멀리즘을 일종의 반짝 유행이라며 거부하는 사람들은 위의 '제한사항'들 때문에 '미니멀리스트가 될 수 없을 것'이라고 말한다. 사실 앞에서 말한 것들이 곧 미니멀리즘은 아니지만, 원한다면 미니멀리즘의 힘을 빌려 그 중 다수를 실천할 수 있다. 물질적 소유를 줄이거나 차 또는 텔레비전에서 자유롭고 싶거나 전 세계를 여행하고 싶다면, 미니멀리즘이 도와줄 것이다. 하지만 그것이 핵심은 아니다.

미니멀리즘은 여러분이 자유를 찾을 수 있도록 도와주는 도구이다. 두려움으로부터의 자유. 걱정으로부터의 자유. 부담으로부터의 자유. 죄책감으로부터의 자유. 우울증으로부터의 자유. 우리를 둘러싸고 있는 소비문화로부터의 자유. 진정한 자유를 위한 도구 말이다.

그렇다고 해서 물질적인 소유가 그 자체로 옳지 않다는 뜻은 아니다. 문제는 아마도 현대인이 소유물에 부여하는 의미일 것이다. 우리는 우리가 가진 것에 지나치게 많은 의미를 부여하여 건강도, 인간관계도, 열정도, 개인적 성장도, 남들을 도우려는 의지도 포기하곤 한다. 차나 집을 갖고 싶은가? 좋다, 가져라! 가족을 이루고 직업을 갖고 싶은가? 당신에게 중요하기만 하다면 나쁠 것이 없다. 미니멀리즘은 무조건 소유물을 줄이는 것이 아니라 보다 의식적이고 신중한 선택을 내릴 수 있도록 도와준다.

많은 미니멀리스트들이 삶을 눈에 띄게 변화시키는 데 성공했다. 우리의 친구 리오 바바우타는 여섯 자녀를 포함하여 가족과 함께 샌프란시스코에 산다. 조슈아 베커는 좋아하는 일을 하고 사랑하는 가족과 함께 살며 교외의 집 한 채, 차 한 대를 갖고 있다. 반대로 콜린 라이트는 단 51가지 소지품만 가지고 전 세계를 여행하고 있으며, 태미 스트로벨은 남편과 함께 포틀랜드의 작은 집에서 차 없이 살고 있다. 이들은 비록 서로 다르지만 두 가지 공통점을 갖고 있다. 이들은 미니멀리스트이고, 미니멀리즘 덕분에 목적이 이끄는 삶을 추구하게 되었다.

하지만 어떻게 이처럼 다른 사람들을 한 데 묶어 미니멀리스트라고 부를 수 있을까? 결국 문제는 우리의 첫 번째 질문인 '미니멀리즘이란 무엇인가?'로 돌아간다. 한 문장으로 요약하자면, 미니멀리즘은 인생에서 넘치는 것을 없애고 행복과 성취감, 그리고 자유를 찾을 수 있도록 중요한 것에 집중하도록 도와주는 도구이다.

미니멀리즘으로 다음과 같은 일을 할 수 있다.

- 불만을 제거한다.
- 잃어버린 시간을 되찾는다.
- 지금 이 순간을 산다.

- 열정을 좇는다.

- 존재 이유를 발견한다.

- 진정한 자유를 경험한다.

- 더 창조하고 덜 소비한다.

- 건강에 집중한다.

- 우울증을 떨친다.

- 온전한 인격체로 성장한다.

- 타인을 위해 이바지한다.

- 불필요한 것들로부터 벗어난다.

- 중요한 것에 집중한다.

- 삶의 목적을 발견한다.

우리는 삶에서 미니멀리즘을 실현하며 마침내 지속적인 행복을 발견했다. 인정하자. 행복이야말로 우리 모두가 찾아 헤매는 것 아닌가? 우리는 모두 행복해지고 싶어 한다. 미니멀리스트들은 물건이 아니라 인생 그 자체에서 행복을 찾는다. 따라서 당신의 삶에서 무엇이 필요하고 무엇이 불필요한지 결정하는 일은 당신에게 달려 있다.

우리는 이 책을 통해 규칙에 얽매이지 않으면서 미니멀리즘을 실현하며 사는 방법을 전달하고자 한다. 하지만 한 가지 유의할 것이 있다. 첫 걸음을 떼기는 쉽지 않지만, 일단 시작하고 나면 나아갈수록 점점 쉬워질뿐더러 보람 있을 것이다. 첫 걸음을 떼면서부터 사고방식과 행동, 그리고 습관을 근본적으로 바꿔야 한다. 하지만 걱정 마라. 우리가 우리의 경험을 기록한 것은 바로 여러분이 우리의 실패와 성공으로부터 배우고, 우리의 교훈을 여러분의 상황에 적용시킴으로써 보다 의미 있는 인생을 살아가도록 돕기 위함이다.

헨리 데이비드 소로의 길

사치품과 생활을 편리하게 해주는 것들은
대부분 불필요할 뿐만 아니라 인류의 발전을 저해하는 결정적인 장애물이다.
- 헨리 데이비드 소로, 《월든》 중에서

인생은 언제나 편안할 수는 없지만, 단순할 수는 있다. 소로
가 월든 호수 근처의 작은 오두막집에서 지내던 시절로 시간
여행을 떠난다면, 그에게는 생활에 필요한 것이 많지 않다는
사실을 알게 될 것이다. 음식과 집과 (아마도) 옷가지 몇 개가
전부이지 않았을까. 다행히도 자연은 우리가 필요로 하는 것
은 모두 내어준다. 하지만 우리는 필요 없는 것까지 기어코 만
들어내고야 만다.

대부분의 사람들에게 한때는 상상조차 힘든 사치품이었던
자동차나 집, 가구 따위가 이제는 필수품으로 자리 잡았다. 필
수품 이외에도 책이나 램프, 각종 도구와 텔레비전, 라디오, 휴

대전화는 일상생활에서 당연한 것으로 받아들여진다.

물질적 소유가 그르다거나 본질적으로 해롭다는 주장을 하려는 게 아니다. 그 문제를 간단히 설명하거나 분석하기도 어렵다. 결국 문제는 우리가 소유에 부여하는 '의미'에 있다. 사람들은 자기가 필요하다고 생각하는 것들을 사기 위해 일 년에 수천 시간을 일하지만, 그것이 정말로 필요한지 의문을 갖지 않는다. 우리가 잠시 멈춰서 지속적인 소비에 의문을 가져본다면, 우리가 필요하다고 생각하는 물건 대부분이 필요하지 않는다는 사실을 알게 될 것이다. 사실 인생에서 우리가 필요하다고 생각하는 소유물 가운데 다수가 없어진다면 우리의 삶은 더욱 간결해지고 편안하며 훨씬 더 보람 있을 것이다.

소로는 비록 미니멀리즘이라는 말을 사용하지 않았지만 '미니멀리스트'였을 것이다. 그는 특히 《월든》을 쓰던 당시 소유물을 최소화하고 필요한 모든 것을 땅으로부터 얻으며 살았다. 그의 인생은 충만했고 세상을 초월했다.

하지만 오늘날 우리는 실제보다 훨씬 더 많은 것이 필요하다는 듯 행동한다. 행동만 하는 것이 아니라 그렇게 느끼고 생각한다. 우리는 광고에 사로잡히고 소비문화의 덫에 걸려 우리가 만들어낸 공허감을 채우려고 물질적 소유를 갈망한다.

하지만 이 사슬을 끊기 위해 우리는 멈춰 서서, 한 발 물러나 우리의 행동과 소비와 진정한 필요에 대해 생각해봐야 한다. 물건으로는 결코 마음의 공허함을 채울 수 없다. 그럴 수 있다고 착각할 뿐이다. 의미 있는 삶만이 공허함을 메울 수 있다.

인생은 짧지만 그 안에는 많은 것이 담겨 있다. 단순함에는 아름다움이 내재되어 있다. 앞으로 나아갈 길을 현명하게 선택하길 바란다. 단순한 길이 가장 풍요롭고 아름답다.

물건에 의문을 가져라

집을 빙 둘러보고 '왜 나는 가진 물건이 이다지도 많은 걸까' 하고 생각해본 적이 있는가? 아니면 그것들은 당신의 물건이기 때문에 거기에 있다고 단순하게 받아들이는가? 그 물건을 가지고 있는 이유를 스스로에게 묻는 사람은 많지 않다. 그보다는 여러 물건들을 정리하고, 깨끗이 닦고, 때로는 그럴 '필요가 있다는' 생각이 들어 새로운 물건으로 교체하기도 한다. 그것이 우리의 모습이다.

우리도 다르지 않았다. 아주 오랜 시간 동안 우리는 뭔가를 더 많이 소유하기 위해 존재했다. 더 많이 가질수록 행복하다고 믿었고 나보다 더 많이 가진 사람을 부러워하고 질투했다.

하지만 그것은 행복을 가장한 굴레였고 자유를 빼앗는 족쇄였다. 이제는 우리처럼 당신도 그 굴레를 벗어날 수 있다.

주위를 둘러보라. 한동안 쓴 적 없는 물건이 쉽게 눈에 띌 것이다. 손으로 들고 느껴보라. 대충 살펴보고 또 생각해보라. 언제 마지막으로 이 물건이 정말 필요했더라? 한동안 사용하지 않았다면, 왜 아직도 가지고 있는가? 만약을 대비해서인가?

우리가 물건에 부여하는 의미에 의문을 가져보는 일은 미니멀리스트의 기본이다. 인생에 불필요한 것들을 조금씩 줄이고 없앰으로써 중요한 것에 집중할 수 있다. 물건을 소유하는 일 자체는 잘못된 것이 아니다. 문제는 우리가 왜 그것을 소유하는지 의문을 가져보지 않은 채 소유물에 지나치게 많은 의미를 부여할 때 생긴다.

지난 몇 년간 우리는 옷이나 가구, 자동차, 집에 이르기까지 모든 것에 물음표를 던졌다. 오늘 당신이 가지고 있는 것, 혹은 갖고 싶어 하는 것을 의심해보라. 내일도 무언가를 의심해보라. 물건을 소유하는 것 말고 의미 있는 인생이 무엇인지 생각해보라. 이것만 반복하면 된다.

의미가 없다면 버려라

소비란 수도승처럼 사는 금욕주의자와 TV 스타의 삶을 추구하는 쇼핑중독자 사이에 놓여 있는 긴 끈이다. 하지만 소비 자체가 나쁜 것은 아니다. 소비는 결과물이 아니라 행동이다.

미니멀리스트들은 이 소비의 연속선상에서 금욕주의자에 가깝지만, 미니멀리즘 자체는 목적과 의미로 충만한 삶, 단순함에 깃든 우아한 삶, 소유물에 지나친 중요성을 부여하지 않으면서도 물질적인 소유를 즐기는 삶이다.

따라서 문제는 소비가 아니라 소비를 하는 사람이다. 우리가 문제다. 우리가 사들이는 물건에 지나치게 많은 의미를 부여할 때, 그 물건이 우리 삶을 행복하고 만족스럽게 만들어줄 것이라고 생각할 때, 우리는 제 발로 후회할 수밖에 없는 삶 속으로 걸어가게 된다.

행복은 그런 식으로 얻을 수 없다. 만족은 마음 속 상태이므로 아무것도 없어도 방을 가득 채울 만큼 많이 가질 때만큼 만족할 수 있다. 우리가 넘쳐나는 물건을 치워 여백을 만들고, 눈앞에 놓인 가능성을 향해 마음과 생각을 활짝 연 채 나아간다면, 중요한 것이 무엇인지 훨씬 쉽게 깨닫게 될 것이다. 블라인드를 올리면 더 아름다운 석양이 눈에 들어오는 것처럼.

꿈에서 한 발 비켜 서기

내가 꿈꾸는 삶이란……

하얀색 나무 울타리가 있는 넓은 주택, 멋진 차, 수많은 방과 그 방을 채우는 대형 TV 불빛, 안정적이고 무리 없는 사무직, 전망 좋은 고급 사무실, 정장과 넥타이, 화이트칼라의 자부심, 퇴근 후 술자리, 주말의 휴식, 유급 휴가, 가끔 떠나는 해외여행, 법인 카드, 퇴직연금, 연말 보너스, 개인연금.

거기에 따라오는 것들……

지루한 일상, 산더미 같은 일, 출퇴근 시간의 교통체증, 답답한 칸막이 사무실, 스프레드시트를 보느라 피로한 눈, 애타

게 기다리는 점심시간, 넘쳐나는 이메일 수신함, 옥죄어오는 월간 목표, 밤까지 이어지는 야근, 알맹이 없는 회의들, 직장 내 험담, 성과 지상주의, 인력 감축, 비용 절감, 마이너스 통장, 신용카드 청구서, 주택담보대출, 늘어나는 뱃살, 중년의 위기, 정년퇴직, 변덕스러운 주식시장, 은퇴 후 노후 불안, 죽음, 해소되지 않는 피로, 공허함, 우울함, 떨쳐낼 수 없는 불만.

꿈을 좇는 것은 당신의 선택이지만, 우리는 시간과 자유와 삶을 택했다.

필요할지도 모른다는 생각

사람들은 종종 어쩌면 필요할지도 모를 물건을 보관한다. 한번 사놓은 물건을 버리기란 쉽지 않다. 나중에 필요할지도 모르기 때문이다. 우리는 어쩌면 필요할지도 모르는 경우에 대비하여 여행이나 휴가를 떠날 때 짐을 너무 많이 싼다.

하지만 필요할지도 모르는 물건을 쥐고 있을 필요는 없다. 사실 이런 물건을 실제로 사용하는 일은 거의 없다. 결국 그것들은 그저 거기에 놓인 채 자리를 차지하고서 우리 인생을 방해하고 무겁게 짓누른다. 대부분 그런 물건들은 전혀 쓸 일이 없다. 대신 '어쩌면 필요할지도 모를' 물건들을 삶에서 치워버린다면 방해물이 차지하고 있던 공간을 자유롭게 활용할 수 있게 된다.

우리는 '어쩌면 필요할지도 모를' 물건 중 대부분을 치워버렸다. 그리고 미니멀리스트와 관련하여 33개 도시로 순회 여행을 떠날 때 '어쩌면 필요할지도 모를' 물건은 하나도 가져가지 않기로 했다.

과연 우리의 생각이 맞는지 '20/20 이론'을 가설로 세우고 실험해보기로 했다. 그 이론은 다음과 같다.

20/20 이론

우리가 세운 가설은 이렇다. '당장 필요 없는 물건을 없애고 나더라도 그 물건은 최대 20달러를 들여 최대 20분 안에 대체할 물건을 구할 수 있다.' 지금까지 우리 경험상 한 번도 이 이론에서 벗어난 적은 없다. 우리가 '어쩌면 필요할지도 모를' 물건을 버린 후로 다시 구하는 일은 거의 없긴 했지만(그럴 일은 한 해 동안 우리 둘이 합쳐 다섯 번이 안 되었다) 그 물건을 구하느라 20달러를 넘게 쓰거나 20분 넘게 이동할 필요는 단 한 번도 없었다. 당신도 예외가 아니다.

더 중요한 사실은 우리가 '어쩌면 필요할지도 모를' 물건을 수백 가지나 내다 버린 이후로 그것을 그리워한 적이 없으며,

그 중 대부분은 대체할 필요성도 느끼지 못했다는 것이다. 불필요한 물건을 없애고 나면 정신이 맑아지고 공간이 자유로워지며 어깨에 놓인 무거운 짐이 덜어진다.

'어쩌면' 필요할지도 모르는 물건까지 쥐고 살아야 하는 이유가 무엇인가?

텔레비전 귀신 물리치기

독자 한 명이 얼마 전에 우리에게 이렇게 물어왔다.

저는 저희 가족을 위해 미니멀리즘 생활을 실천하려 노력중이지만 난관에 부딪혔어요. 특히 남자의 입장에서 도움을 주셨으면 합니다. 저희 가족은 집에서 늘 텔레비전을 봐요. 저는 텔레비전이 정말 싫어요. 남편은 스포츠 중계를 너무 많이 보고, 제가 집을 비울 때면 아이들은 멍하니 텔레비전만 보고 있고, 돈도 많이 들고(케이블 수신료는 그렇게 비싸진 않지만요), 무엇보다도 우리 가족의 시간을 빨아먹으니까요!

남편과 전쟁을 치르지 않고도 이 시간을 빨아먹는 요물덩어리를 집에서 몰아낼 만한 좋은 방법이 없을까요? 남편은 생각으로는 미니멀리즘을 받아들이려고 해요. 집에 물건이 상당히 많았는데, 그걸 치워버리고 나니 공간이 넓어졌다고 좋아했거든요. 하지만 남편이 애지중지하는 텔레비전을 치우자고 말하는 건 완전히 다른 이야기예요.

우리의 제안

→ 당신부터 시작하세요. 다른 사람을 변화시키기 전에 당신 스스로 먼저 변해야 합니다.

→ 줄이세요. 집에 텔레비전이 몇 대나 있습니까? 하나 이상이라면 우선 반으로 줄이세요. 하나가 될 때까지 줄여 나가세요.

→ 텔레비전을 침실에 두지 마세요. 텔레비전 시청 말고도 침실에서 시간을 보낼 다른 방법이 많이 있습니다.

→ 계획을 세우세요. 텔레비전 시청 계획을 짜세요. 적어도 24시간 전에 시청 계획을 미리 짜두지 않았다면 텔레비전

을 보지 마세요. 남편에게 열흘 간 이 약속을 지킬 수 있는지 시도해달라고 부탁하세요.

→ 제한하세요. 텔레비전 시청을 주당 일정 시간으로 제한하세요. 시청 시간을 기록하세요. 이것도 열흘 간 실행하세요.

→ 친구들을 집으로 초대해서 같이 텔레비전을 보세요(계획에 포함된 프로그램만). 그리고 본 내용에 대해 이야기를 나누세요. 관계를 돈독히 하는 데 도움이 될 겁니다.

→ 바꾸세요. 텔레비전 시청을 다른 활동으로 대체하세요. 텔레비전을 없애버리기만 한다면 지루해질 겁니다. 텔레비전 시청 대신에 다 같이 할 수 있는 일은 무엇이 있을까요?

당신이 위의 일들을 해내고 나면 아마 남편도 따라 하게 될 것입니다. 집에 텔레비전을 두는 것 자체는 문제가 되지 않습니다(라이언의 집에도 하나 있지만 케이블 방송은 나오지 않습니다). 문제는 삶에 부정적인 영향을 줄 만큼 텔레비전을 보는 시간이 길어질 때 발생합니다.

당신은 DVD를 수집하고 산더미 같은 수집품들을 벽이나 선반이나 가장 좋아하는 영화들만 차지할 수 있는 특별한 장소에 자랑스럽게 전시해두는 부류의 사람인가? 당신이 DVD를 모으는 이유가 무엇인지 생각해본 적 있는가? 같은 영화를 서너 번씩 다시 볼 생각인가? 그렇다면 그 시간을 보다 현명하게 보낼 방법은 없겠는가?

우리는 미니멀리스트의 삶을 시작하기 전에는 상당히 많은 DVD를 갖고 있었다. DVD를 모으는 데 수천 달러를 허비했고, 이미 본 영화의 DVD를 사들일 때도 있었다. 그렇게 모은 엄청난 DVD 컬렉션에는 먼지만 쌓일 뿐이었다. 때로는 영화를 다시 볼 때도 있었다. 그것은 과거에 묻혀서, 새로운 것을 창조하는 대신 지나간 시간을 재구성하려는 발버둥이었다.

하지만 수집collecting은 저장 강박hoarding을 듣기 좋게 부르는 다른 표현일 뿐이다. 이 말을 못 믿겠다면 찾아보라. 옥스퍼드 동의어 사전에 수록된 '수집하다'의 동의어는 다음과 같다. '강박적으로 모으다HOARD, 쌓다, 쌓아올리다, 비축하다.'

그렇다. 불필요한 물건을 수집하는 일은 저장 강박과 마찬가지다. 게다가 같은 영화를 보고 또 보고 또 보고 하는 일이 살면서 얼마나 있겠는가? 물론 우리 둘 다 여전히 영화를 보긴 하지만, 신작 영화를 봄으로써 삶의 새로운 경험을 쌓는다. 그리고 친구들과 함께 영화를 보면 관계는 더욱 친밀해진다. 영화가 끝난 후 영화에 대한 이야기를 나눔으로써 더욱 성장하고 풍요로워지며 그 과정에서 우리 스스로에 대해 더 잘 이해하게 된다.

그러니 이제 DVD 컬렉션을 처분하고(컬렉션을 팔아 돈을 벌 수도 있다) 같은 영화를 반복해서 보는 일을 그만둬라. 대신 당신의 인생을 살아라. 세상으로 눈을 돌려라. 당신이 세상을 위해, 당신이 아닌 누군가를 위해 기여할만한 일은 얼마든지 있다.

업그레이드 하지 않기

X라는 상품이 있다면 요즘에는 가장 최신식이자 진화된 모델이 계속해서 쏟아져 나온다. 신형 모델에 X달러만 지불하면 여러분이 생각지도 못했던 멋진 기능을 써볼 수 있다. 지금 당장 움직이면, X는 여러분의 인생을 훨씬 더 그럴싸하게 바꿔놓을 것이다.

하지만 우리는 우리 인생을 의미 있게 만드는 데 X가 필요치 않음을 안다(X를 정말, 정말 갖고 싶더라도 그렇다). 우리는 쓰던 구형 휴대전화가 정상적으로 작동한다면 굳이 새로 나온 아이폰을 살 필요가 없음을 안다. 우리는 타던 자동차가 예전만큼 빛나지 않는다는 이유로 새 차를 살 필요가 없음을 안다.

우리는 또한 행복해지기 위해 소프트웨어 최신 버전이나 아이패드나 텔레비전이나 노트북이 필요치 않음을 안다.

광고주들은 수백만 달러를 들여 우리가 자기 회사의 물건에 군침을 흘리게 만든다. 하지만 우리는 동참할 생각이 없다. 그 모든 잡음으로부터 귀를 막을 수도 있다. 우리는 우리에게 없는 것 대신 우리가 가진 것에 집중할 수 있다. 생각해보면 우리는 필요한 모든 것을 이미 가지고 있다. 물론 시간이 흐를수록 물건은 고장 나거나 닳기도 한다. 물건이 고장 났을 때 우리는 다음 세 가지 중 하나를 선택할 수 있다.

없이 산다

이것은 오늘날 소비 중심의 자본주의 사회에서는 금기시하는 행동이다. 극단적이라고 생각하는 사람도 많을 것이다. 새 것을 살 수 있는데 왜 그러지 않아야 하는 걸까? 하지만 이것은 종종 최선의 선택이 된다. 어떤 물건 없이 지내다 보면 그것의 가치를 되돌아보고 우리에게 그것이 정말 필요한지 아닌지 깨닫게 된다. 그리고 때로는 그것이 없는 인생이 더 낫다는 사실을 발견하기도 한다.

고친다

때로는 그 물건 없이는 생활이 불가능한 경우가 있다. 그럴 때는 당장 그 물건을 구하러 뛰어 나가는 대신에 먼저 고치려는 노력을 해야 한다. 자동차 브레이크만 교체하면 되는데 새 차를 뽑아야 할 이유가 있는가? 생활용품의 경우에도 마찬가지다.

새로 산다

최후의 수단으로 대체할 물건을 살 수도 있다. 하지만 그럴 때에도 주의해야 한다. 중고 물건을 살 수도 있고, 좀 더 저렴한 물건을 찾는 노력을 해야 하며, 구형 모델을 사도 필요를 충족할 수 있다.

선물 없애기

우리는 선물을 주고받는 문화 속에서 살고 있다. 즉 상대방을 얼마나 아끼는지 표현할 때 물질적인 선물을 건네곤 한다. 이렇게 쓰는 것조차 우스꽝스러워 보이긴 하지만 엄연한 사실이다. 우리는 상대방에 대한 관심을 표현하기 위해 종종 선물을 한다.

따라서 사람들은 생일이나 이런 저런 기념일이 되어야 비로소 애정을 확인한다. 그러면 나머지 350여 일 동안은 서로를 생각하지 않는 것일까? 아니면 (받는다고 마음에 들 거란 보장도 없는) 물질적인 선물을 주고받지 않는 날에는 다른 감정으로 서로를 대하는 것일까?

미니멀리스트식 선물 주기

우리는 사람들에게 선물을 하지 않는다. 물질적인 선물 말이다. 우리는 물질적인 선물 대신 경험을 선물하곤 한다. 우리는 사랑하는 사람에게 넥타이나 오븐용 장갑 대신 콘서트 티켓을 선물한다. 우리는 선물을 사는 대신 더 끈끈한 관계로, 성장과 기여로, 그리고 궁극적으로 만족스러운 삶으로 이끄는 경험을 선물한다.

우리가 즐겨 선물하는 경험은 다음과 같다.

- 콘서트 티켓/영화 관람권
- 특별한 행사 초대권
- 집에서 요리한 맛있는 식사
- 멋진 레스토랑에서 하는 식사
- 목적지 없는 산책
- 공개적으로 칭찬하는 글
- 마사지 (주의: 가까운 사이일 때 선물할 것)
- 관심
- 시간

이것들이 바로 우리가 다른 사람들과 함께 할 수 있는 일이자, 애정을 표현하는 방법이다.

선물을 할 때

선물을 건네기 가장 부적절한 날은 상대방의 생일이나 기념일이다. 생각해보라. 그런 날에는 이미 선물을 기대하기 마련이고, 그런 기대에 부응하기란 좀처럼 쉽지 않다. 선물하기 가장 좋은 날은 오늘, 지금 당장, 아무 이유 없을 때이다. 경험이라는 선물을 해야 하는 가장 큰 이유는 '너를 좋아해' 또는 '사랑해' 또는 '너는 나한테 소중한 사람이야' 또는 '내 인생에 들어와 줘서 고마워'라는 메시지를 전하기 위해서이다. 감정은 행동으로 증명해야 한다. 따라서 오늘 하는 선물은 매일이 특별한 날임을 보여주기 위함이고, 당신의 주변 사람들에게 그들이 특정한 날뿐만 아니라 언제나 소중한 사람임을 보여주기 위함이다.

미니멀리스트식 선물 받기

우리 둘은 물질적인 선물을 받지 않는 편이다. 그러나 다른 사람들에게 우리가 시도하는 이런 생각과 노력을 이해시키기란 쉽지 않다. 선물을 주고받지 않는다는 원칙을 보여주는 가장 좋은 방법은 사전에 알려주는 것이다. 우리는 친구들이나 가족들에게 우리가 아무 물건도 필요하지 않다는 생각을 심어주고, 만약 그들이 선물을 하고 싶다면 물건 대신 우리를 즐겁게 해줄 경험을 선물해주거나 함께 시간을 보내는 것으로 우리의 인생을 축복해 달라고 부탁한다.

미니멀리스트는 이미 받은 선물을 어떻게 처리할까?

남을 화나게 하고 싶어 하는 사람은 없다. 우리도 타인에게 모욕감을 주고 싶지 않다. 단지 우리는 그들이 우리를 어떻게 생각할지 걱정할 뿐이다.

최근 한 독자로부터 흥미로운 의견과 질문을 받았다.

최근 들어 미니멀 라이프에 입문했습니다. 물건 정리는 지금까지 순조롭게 이루어졌습니다. 그런데 선물을 버리자니 골치가 아픕니다. 문제는 제가 아니라 제게 선물을 준 사람들입니다. 제게 화를 낼지도 모르니까요. 좋은 방법이 없을까요? 이 물건들이 제 발목을 잡고 있어서 새로운 인생으로 나아가지 못한다는 느낌이 들어 처분하고 싶지만 그렇다고 다른 사람을 화나게 하고 싶지는 않아요.

우리의 대답

대부분은 알지도 못하고 신경 쓰지도 않을 겁니다. 물론 몇몇 사람은 화가 날지도 모르지요. 하지만 괜찮습니다.

우리가 회사를 떠난다고 했을 때, 몇몇 사람은 화를 냈습니다. 우리가 이메일을 매일 확인하지 않기로 했을 때, 몇몇 사람은 화를 냈지요. 우리가 과거에 전념했던 특정한 일들을 거부하기 시작했을 때도 몇몇 사람은 화를 냈습니다. 우리가 물질적인 것을 구매하지 않기로 했을 때도 몇몇 사람은 화를 냈어요. 우리가 부정적인 관계에서 벗어나기로 했을 때조차 몇몇 사람은 화를 냈습니다.

하지만 이런 것들이 우리를 괴롭히도록 놔둘 수는 없습니다. 삶을 가치 있게 하지 않는 물건은 없애버리세요. 기부하거나 팔거나 버리세요. 중요한 것에 집중할 수 있도록 불필요한 물건은 내려놓으세요. 많은 사람들은 자기가 예전에 했던 선물을 버린대도 알아차리지도 못할 겁니다. 만약 알아차린다면, 행복해지기 위해 물질적인 소유물을 줄여 나가는 중이라고 설명하세요. 그들이 애초에 선물을 했던 이유는 무엇보다도 그 선물이 당신을 행복하게 해줄 거라 생각했기 때문일 테니까요.

블랙 프라이데이 쇼핑에서 탈출하기

검은Black(형용사): 비극적이고 불행한 사건의, 절망을 불러일으키는
— 뉴 옥스퍼드 아메리칸 사전

　　미국에서 11월 마지막 목요일인 추수감사절 다음날은 연중 가장 많은 사람들이 일제히 쇼핑을 시작하는 '블랙 프라이데이Black Friday'이다. 블랙 프라이데이는 미국에서 연말 쇼핑 시즌을 알리는 시작일이다. 업체들은 할인 폭을 높이고 소비자들은 마음먹고 쇼핑에 나선다. 업체들은 이전까지 지속된 장부상의 적자red figure가 이날을 기점으로 흑자black figure로 전환된다고 해서 블랙 프라이데이라고 부른다.

　　따라서 소매상들은 몇 달 전부터 이 날을 위해 준비한다. 소비를 향한 사람들의 지칠 줄 모르는 욕망을 부추기기 위해 준비하는 것이다. '기간 한정 세일, 신상품, 대규모 신문 광고, 텔

레비전과 라디오와 전단지와 광고판 가득 세일, 세일, 세일! 선착순 특별 할인, 오직 하루만! 최저 가격을 잡으세요, 지금 당장! 재고 소진시까지.'

소비는 채울 수 없는 갈증이다. 우리는 그 사실을 잘 알고 있다. 과거에 회사에 몸담고 있을 때 우리 둘 다 다수의 소매점을 관리했었다.

블랙 프라이데이가 치명적인 이유는 적지 않다. 블랙 프라이데이에 목격되는 대혼란은 우리의 소비문화와 닮았다. 이날 사람들은 남들에게 끼칠 피해는 조금도 생각하지 않고 탐욕스럽게 물건을 사들인다. 탐욕은 굶주린 맹수처럼 날뛴다. 사람들은 아무리 많은 물질적 소유로도 채울 수 없는 허무를 채우기 위해 아무런 의미 없는 선물을 사들인다.

하지만 더 나은 방법으로 인생을 살아갈 수도 있다. 슬프게도 사람들은 연말 분위기에 휩쓸려 블랙 프라이데이에 숨겨진 탐욕스러운 본질에 동화된다. 마치 선물을 사는 일이 크리스마스를 축하하기 위한 가장 이상적인 방법이라도 되는 것처럼.

하지만 우리는 올 한해를 다르게 보낼 수도 있다. 우리는 사랑을 표현하기 위해 물질적인 선물을 사지 않을 수도 있다. 우리는 일상적인 행동을 통해 우리의 사랑과 관심과 애정을 보여줄 수도 있다. 특별한 기념일뿐만 아니라 매일 말이다.

그래도 누군가에게 선물을 주고 싶다면, 멋진 식사나 콘서트 또는 연극 티켓, 아니면 해변의 석양 같은 경험을 선물해보는 것이 어떨까? 남에게 선물할 수 있는 최고의, 사랑이 넘치는 선물은 다른 무엇보다도 시간과 온전한 관심이다.

함께 하겠는가? 블랙 프라이데이로부터 벗어나겠는가? 싫다면 그 이유는 무엇인가?

인생 최악의 크리스마스

왜 내가 필요하다고 느끼는 모든 것에는
건전지가 달려 있을까?
그게 무슨 뜻이라고 생각해?

– 존 메이어John Mayer

꼬마 앤드류는 크리스마스 아침에 선물 받은 옵티머스 프라임(영화 트랜스포머 시리즈의 주인공 로봇) 포장을 뜯고 환하게 웃었다. 마치 살아 있는 것만 같은 거대한 장난감 로봇은 번쩍번쩍 불빛을 쏘고 삑삑 기계음을 내며 앤디(앤드류의 애칭)의 부모님을 혼비백산하게 만들었다.

하지만 얼마 지나지 않아 앤디는 그 인형을 치워두고 부모님이 주신 나머지 선물을 풀기 시작했다. 트리 아래에서 긴 것, 큰 것, 무거운 것, 가벼운 것 등 하나하나 꺼내왔다. 반짝거리고 정성스럽게 포장된 선물상자에서 새로운 장난감이 모습을 드러냈다. 갈가리 찢긴 초록색과 빨간색 포장지는 행복이 흘러나오는 분수처럼 흩어졌다.

하지만 한 시간 후에 꼬마 앤디는 새로 생긴 장난감들 사이의 빈 공간을 바라보더니 짜증을 내면서 신경질적으로 울기 시작했다. 앤디가 발작적인 신경질을 부리는 것을 보면 분명 그날은 앤디 인생에서 최악의 크리스마스였다.

물론 앤드류는 자기가 크리스마스에 받고 싶었던 선물 중 많은 것을 받았지만, 자기가 받지 못한 것에 훨씬 더 신경이 쓰였다. 눈앞에 놓인 장난감들은 그저 갖지 못한 선물들을 떠올리게 할 뿐이었다.

어른인 우리들도 마찬가지 아닌가? 우리는 주변을 바라보며 더 많은 것을 갖고 싶어 하지 않는가? 우리는 새로 나온 차, 유행하는 새 옷, 비싼 신형 기기를 탐내지 않는가? 꼬마 앤디가 눈앞에 놓인 장난감만으로도 행복했다면 어땠을까? 우리 역시 그렇다면 어떨까?

10/10 물질적 소유 이론

삶에서 물건은 얼마나 중요할까? 한 주에 40, 50, 또는 60시간을 노예처럼 열심히 일해서 얻은 물질적 소유는 일상에서 실제로 얼마나 큰 가치가 있을까? 분명 당신이 생각하는 만큼에 못 미칠 것이다.

좋은 방법이 하나 있다. 잠깐 시간을 내서, 지난 10년 간 구입했던 가장 비싼 물건 열 가지를 종이에 써 보는 것이다. 그러니까 지난 10년 안에 소유했거나 현재까지 소유하고 있는 차나 집, 보석이나 가구, 기타 물질적인 소유물들을 적어본다. 고가의 제품이어야 한다. 그 목록 옆에는 삶에서 가장 가치 있었던 10가지를 써본다. 여기에는 사랑하는 사람과 함께 석양을

본 일, 아이들과 야구 경기를 관람한 일, 부모님과 저녁식사를 한 일 등이 포함될 수 있다.

목록을 작성할 때는 정직해야 한다. 어쩌면 이 두 목록 사이에는 겹치는 내용이 하나도 없을 수도 있다.

시간과 관심과 에너지의 대부분을 가장 비싼 10가지 물질적 소유물에 집중하는 대신 삶에서 가장 가치 있었던 10가지에 집중한다면 어떨까? 그렇게 한다면 어떤 느낌이 들까? 지금부터 한 달 후에 인생은 어떻게 변해 있을까? 일 년 후에는? 지금으로부터 오 년 후에는 어떨까?

간결할수록 풍요롭다

'레스이즈모어Less is more'라는 유명한 말이 있다. 20세기 독일의 건축가 루드비히 미스 반데어로에가 처음 쓴 말로 건축가나 디자이너들이 격언처럼 가슴에 새기곤 한다. 직역을 하면 '적을수록 많다'라는 역설적 의미가 되는데, '장식이나 요소가 추가되는 것보다 간결함이나 단순함을 추구하는 것이 더 풍요롭고 더 많은 것을 보여줄 수 있다'는 뜻이다. 즉 '간결한 것이 더 풍요롭다' '간결한 것이 더 많은 이야기를 품고 있다' 정도의 의미다. 이 말은 광고나 텔레비전뿐만 아니라 국가가 국민의 생계 수단을 빼앗아가며 경제 규모를 축소할 때에도('이제는 적은 수로 많은 일을 해낼 수 있어야 합니다') 즐겨 쓰는 진부한 표현이 되어버렸다. 그런데 간결할수록 풍요로워질 수 있을까? 그렇다면 그 역도 성립할까? 잡다할수록 빈곤해질 수 있을까?

이러한 질문은 여러분이 생각하는 것보다 더 중요하다. 우리 두 사람은 일반적으로 받아들여지는 빤하고 진부한 표현을 뒤집어 봄으로써, 상투적이고 낡아빠진 문구를 다른 측면에서 들여다보고 사실의 이면을 밝히는 일을 즐긴다.

예를 들어 환경에 잘 적응하고 성공적인 삶을 사는 것처럼 보이는 사람을 두고 종종 '자리 잡았다'고 표현한다('그 남자는 자리를 잡았지'). 우리 역시도 20대 후반에는 이러한 표현을 심심찮게 듣곤 했다. 사람들은 우리가 자리를 잡았다고 자주 말했다. 그리고 아주 오랫동안 우리는 이 말을 칭찬으로 여겼다.

하지만 어느 순간 이 말을 액면 그대로 받아들이길 멈추고 물었다. 자리를 잡았다는 것은 배로 치면 닻을 내린anchored 상태인데, 그것은 과연 바람직하기만 할까?

그 질문은 우리 인생에 대한 중요한 발견으로 이어졌다. 닻은 배를 항구에 세우고 한 자리에 고정시켜 바다로 자유롭게 나아가지 못하게 만드는 물건이다. 어쩌면 우리는 당시 닻을 내리고 있었고, 닻을 내린다는 것은 꼭 좋은 의미가 아니었을

지도 모른다.

시간이 흘러 우리는 우리를 붙잡는 닻의 존재(진정한 자유가 무엇인지 깨닫지 못하게 하는 환경)를 파악했고 그 수가 매우 많다는 사실을 발견했다(조슈아는 83가지를, 라이언은 54가지를 꼽았다). 우리는 거대한 닻(빚, 나쁜 관계 등)과 작은 닻(밀려드는 청구서, 물질적 소유 등)을 발견했고 이윽고 이러한 닻들을 하나씩 제거해 나갔다.

결국 자리를 잡는다는 것, 닻을 내린다는 것은 끔찍한 일이라는 사실이 드러났다. 닻은 우리 인생을 우리가 살고 싶은 대로 살지 못하게 방해했다. 물론 모든 닻이 나쁜 것은 아니지만, 이들 중 대부분이 지속적인 만족감을 얻는 데 방해가 되었다.

당신은 닻을 내린 사람인가? 당신은 이미 자리를 잡은 사람인가? 그것은 바람직한 일인가? 다른 닻은 무엇인가?

다시 처음의 질문으로 돌아가보자. 정말 간결한 것이 풍요로울 수 있을까? 그렇다면 잡다한 것이 곧 빈곤한 것일까? 이 두 가지 질문에 대한 우리의 답은 '그렇다'이다. 적은 물건을 소유하고, 적은 일에 집중하고, 방해 요소를 줄이는 일은 우리에게 많은 시간과 자유와 삶의 의미를 가져다주었다. 일하는 시간을 줄이자 예전에 비해 훨씬 더 많이 세상에 기여하고, 성장하고, 열정이 샘솟는 일을 추구할 수 있게 되었다.

마찬가지로 많은 시간을 갖게 되면 불만과 스트레스는 줄어들고, 많은 자유를 누리게 되면 걱정과 근심은 적어지며, 삶의 의미를 충분히 좇는다면 진정 중요한 것만 남고 삶에서 불필요한 것들에는 덜 신경 쓰게 된다.

힘들게 정리정돈하지 마라

대부분의 경우 정리정돈은 어리석은 짓이다. 만약 옷장 정리하는 법을 알아보려고 우리가 만든 웹사이트를 방문했거나 우리가 쓴 책을 골랐다면 잘못 짚었다. 이 책에서 '잡다한 것으로 가득찬 집을 정리하는 67가지 방법' 같은 진부한 조언을 기대한다면 일찌감치 다른 책을 보기 바란다. 정리정돈 자체로는 문제를 근본적으로 해결할 수 없기 때문이다. 물건을 치우는 방법을 이야기하는 것은 '왜'가 아닌 '어떻게'에 대한 답만을 제공할 뿐이다.

'어떻게'는 쉽다. 누구나 본능적으로 '어떻게' 정리해야 하는지 안다. 작은 것부터 시작할 수도 있다. 한 번에 방 하나씩,

매일 조금씩 전진해가며 단순한 삶으로 나아가면 된다. 큰 것부터 시작할 수도 있다. 대형 쓰레기통을 빌려서 모든 물건을 집 밖으로 몰아내고, 보다 의미 있는 삶으로 나아가면 된다. 그것도 아니라면 온건한 방식을 선택할 수도 있다. '짐 싸기 파티'를 열고 정리정돈의 재미를 느끼면서 단순화 과정 전체를 즐기면 된다(짐 싸기 파티에 대한 자세한 내용은 202쪽을 펼쳐 볼 것).

하지만 '어떻게' 정리정돈 하느냐보다 '왜' 정리정돈 해야 하는지에 대해 훨씬 더 깊이 생각해봐야 한다. '어떻게'는 쉬운 반면 '왜'의 문제는 난해하고 설명이 어렵다. '왜'의 문제는 본질적으로 개인에 따라 달라지기 때문이다. 결국 '왜'는 각자가 정리정돈을 통해 누릴 수 있는 혜택과 관련이 있다.

정리정돈은 최종적으로 얻어지는 결과가 아니라 첫 걸음일 뿐이다. 물건들을 치워버리는 것만으로 그 즉시 행복해지거나 만족을 얻을 수는 없다. 적어도 장기적으로는 그렇다. 정리정돈은 그런 식으로 하는 게 아니다. '왜'가 빠진 '어떻게'만을 받아들인다면 아무런 성과도 없을 것이다(천천히, 고통스럽게, 같은 실수를 반복할 뿐이다). 가진 것을 모두 버리고 나서 텅 빈 집에 돌아오면 기분을 달래줄 물건이 하나도 없다는 사실에 투

덜대야 하는 비참한 상황에 직면할 수도 있다.

가진 것의 대부분을 없애고 나면 지난날 자신의 맨 얼굴과 대면하게 된다. '나는 왜 물질적인 것을 소유하는 데 그렇게 큰 의미를 두었을까? 삶에서 정말 중요한 것은 무엇일까? 나는 왜 만족하지 못할까? 나는 어떤 사람이 되고 싶은가? 나는 성공을 어떻게 정의할 것인가?'

모두 답을 쉽게 구할 수 없는 어려운 질문이다. 하지만 이 질문들은 물건을 그저 내다버리는 일보다 훨씬 더 중요하다. 이 질문에 주의 깊고 철저한 답을 내리지 않는다면 며칠 전에 정리한 옷장은 머지않아 새로 산 옷들로 가득 채워지고 말 것이다.

정리란 계획적인 쇼핑중독일 뿐이다

우선 '정리'라는 단어에 대한 환상을 버리고 시작하자. 이 단어는 사실 우리가 인생을 단순하게 살지 못하게 하는 교활하고 불경스러우며 악랄한 놈이다.

텔레비전은 계속 소비하면서 정리를 잘하는 정리광들과 무턱대고 '지르고' 보는 쇼핑중독자들 사이에 전투가 벌어지고 있다고 믿게끔 만든다. 하지만 소파에 누워 텔레비전을 보는 우리로서는 누가 이기고 있는지 알기 어렵다.

우리는 양쪽이 손을 잡고 한통속이 되어 하나의 목표를 추구한다고 확신한다. 그 목표는 바로 '더 많은 물건을 사들이는 것'이다. 쇼핑중독자들은 공개적으로 비웃음거리가 되길 자처

하면서 그렇게 하는 반면, 교활한 정리광들은 보다 은밀하고 체계적이며 기만적인 방식으로 물건을 모을 뿐이다. 하지만 결국 정리란 잘 계획된 쇼핑중독에 지나지 않는다.

물론 이 둘은 서로 다른 방식으로 물건을 사들이지만 결과는 별반 다르지 않다. 집안이 한 쪽 벽에서 반대쪽 벽까지 물건으로 가득 차 있건, 숫자나 색깔이나 알파벳순 배열 등 복잡한 규칙에 따라 정돈되어 있건, 여전히 진짜 문제는 해결되지 않은 채 남아 있다.

정리를 얼마나 잘하는지와 관계없이 우리는 정리해둔 물건에 계속해서 신경을 쓰고, 쓸고 닦고, 물건들을 체계적으로 구조화하여 분류해야만 한다. 하지만 넘쳐나는 물건을 없애고 나면 삶에서 더욱 중요한 측면에 집중할 수 있다. 다르게 표현하자면, 하루를 건강이나 인간관계, 열정을 쏟을 만한 다른 일에 온전히 쓸 수 있다. 그렇지 않다면 당신은 옷장이나 책상 서랍, 지하실을 다시 정리하는 데 하루 온종일 시간을 허비해야 할 것이다.

소비지상주의라는 덫

나는 당신을 '안전하게' 지켜주는 거짓말 덩어리입니다.

나는 당신이 말하기 부끄러워하는 생각입니다.

나는 당신이 속으로 품은 참담한 심정입니다.

나는 당신이 머릿속에서 떨쳐내지 못하는 기억입니다.

나는 욕망이며, 공허한 바람입니다.

나는 두려움이며, 탐욕입니다.

나는 블랙 프라이데이이며, 사이버 먼데이*입니다.

나는 충동이며, '지금 바로 구매하기'이며, '딱 한개만 더'입니다.

나는 계산대를 지나면 사라지는 흥분입니다.

나는 돈이 흘러나가는 소리입니다.

나는 소비지상주의입니다.

내게 기회를 주세요.

그러나 절대 만족하지 못하실 겁니다.

사이버 먼데이 Cyber Monday

추수감사절 연휴 이후 맞이하는 첫 번째 월요일. 이날 소비자들이 컴퓨터 앞에서 온라인 쇼핑을 하는 경우가 많아 온라인 매출액이 급등한 데서 유래했다. '블랙 프라이데이'의 온라인판이며, 이 날 인터넷 쇼핑몰들은 큰 폭의 할인을 실시한다.

자유를 포기하기 위해 왜 시간과 돈을 쓰는가?

　오늘날의 소비문화라는 호화스런 벽 안에 갇혀 살려면 아주 많은 돈이 필요하다. 저녁 식사와 영화 관람, 매일 마시는 벤티 사이즈 카페라테, 새로 나온 예쁜 옷, 새로 나온 예쁜 옷에 어울리는 새로 나온 예쁜 신발, 야구장에서 먹는 핫도그 두어 개와 맥주 한 캔, 두말할 필요 없는 수북한 청구서들, 가스 이용료, 전기세, 주택담보대출, 자동차 할부금, 보험료, 신용카드 대금, 학자금 대출, 이 모든 것을 합친다면 재정적으로 휘청거리게 될 것이다. 생각만 해도 끔찍하다.

　하지만 모든 일에 큰돈이 드는 것은 아니다. '인생에서 가장 값진 것들은 공짜'라는 진부한 말이 있다. 너무 진부하고 재미

없는 표현이라고 묵살해버리지 않는다면 이러한 격언을 받아들임으로써 삶이 더 나아지기도 한다. 그러므로 인생에서 가장 값진 것들은, 실제로 공짜이다. 사랑, 인간관계, 건강, 개인의 성장, 사회적 기여, 식스팩 복근 등등.

삶에서 즐겨야 할 거의 모든 것들 역시 공짜라는 사실도 알려주고 싶다. 물론 몇몇 생필품을 사는 데는 돈이 들지만, 인생은 대부분의 경우 아무런 대가를 치를 필요가 없다. 인생의 가장 즐거운 경험을 공짜로 즐기기 위해 필요한 장치는 이미 마련되어 있기 때문이다.

운동은 집이나 공원 등 돈이 들지 않는 장소에서 한다면 공짜다. 산책의 즐거움을 누리는 일도 공짜다. 좋아하는 음악을 듣는 일도 공짜다. 수돗물 한 컵도 공짜다. 음식을 사먹는 데는 돈이 들지만, 인스턴트 음식 대신 건강한 음식을 선택하는 일은 공짜다. 도서관에서 책을 빌려 읽는 것도 공짜다. 나 혹은 타인의 인생에 대해 글을 쓰는 일도 공짜다. 가장 좋아하는 옷을 입는 일도 공짜다.

사랑을 나누는 일도 공짜다. 별빛 아래 친구나 연인과 앉아 함께 웃는 일도 공짜다. 친구 집에 놀러 가서 함께 영화를 보는 일도 공짜다. 가까운 무료 급식소 일을 돕는 것도 공짜다. 조용한 방에 앉아 혼자만의 시간을 즐기는 일도 공짜다. 숨을 쉬는 공기 역시 공짜다.

가장 중요한 사실은, 자유도 공짜라는 사실이다. 하지만 우리는 도리어 자유를 포기하기 위해 많은 시간과 돈을 쓴다.

2장

의미 있는
인생을 산다는 것

minimalist

성공에 관한 단순한 방정식 ————

행복이 빠진 성공은 실패다.

– 앤서니 라빈스 Anthony Robbins

우리가 생각하는 성공은 단순한 방정식이다.

행복+지속적인 성장+사회적 기여＝성공

우리가 아는 성공은 이것뿐이다. 행복하지 않다면 성공했다고 할 수 없다. 과거의 우리는 사회에서 성공이라 말하는 화려한 경력과 값비싼 물건을 갖고 있었지만 진정한 성공과는 거리가 멀었다. 우리는 삶에 만족하지 못했으므로 성공하지 못했다. 우리는 행복하지도, 성취감을 느끼지도, 만족스럽지도 않았다.

따라서 성공은 다음 세 가지로 이루어진다고 할 수 있다. 첫째, 현재의 자기 모습과 하고 있는 일에 만족하는 것. 둘째, 개인으로서 지속적으로 성장하는 것. 셋째, 의미 있는 일로써 타인에게 기여하는 것. 이 세 가지를 가진 사람은 성공한 사람이다.

성공한 바보

우리는 한때 '성공한' 젊은이들이었다. 적어도 사람들은 다들 그렇게 말했다. 사람들은 우리가 '모두 가졌다'고 말하곤 했다. 우리 둘 다 27살에 '잘 나가는' 억대 연봉자가 되었고, 승진의 사다리를 착실히 오르고 있었으며, 행복해지려면 가져야 할 법한 모든 것(큰 집, 비싼 차, 화려한 물건들)을 가지고 있었기 때문이다.

하지만 우리는 모두 가진 느낌이 들지 않았다. 성공했다는 느낌도 결코 들지 않았다. 대신 우리는 소위 성공이라 불리는 것에 압도당했다. 건강도, 만족감도, 삶의 목적도 잃어버렸다. 오랜 시간을 일하고 많은 물건을 사들여도 내면의 공허는 채

워지지 않았다.

불행하게도 우리는 대중매체와 문화를 통해 널리 퍼진 터무니없는 기준에 집착하고 있었다. 사람들이 뭐라 말하건, 우리는 성공한successful 것이 아니었다. 우리는 바보였다. 성공한 줄로만 알았던 바보success fool였다.

텔레비전 광고가 만들어내고 칸막이 사무실을 차지한 유령들이 널리 퍼뜨리는 잘못된 사회적 영향력에 우리처럼 속아 넘어갈 필요는 없다. 억대 연봉 직업만으로 성공이라 할 수 없다. 그 정도 돈이면 충분하다고 말할 수 없을 뿐만 아니라 돈만 가지고는 행복해질 수 없다. 번쩍거리는 신형 자동차만으로 성공이라 할 수 없다. 갖고 싶은 물건을 소유하는 일은 문제가 없지만, 물건을 소유하는 것만으로는 깊은 행복감을 느낄 수 없다.

하루 일과를 떠올려보라. 진정한 성공과 행복, 그리고 성취감을 돈이 주는 덧없는 희열과 맞바꿔 가면서 금세 사라질 즐거움으로 스스로를 달래고 있지는 않은가? 진정으로 성공했는가? 행복한가? 성취감을 느끼는가? 목적이 충만한 삶을 살고 있는가? 그렇게 할 수 있다. 그리고 무엇보다도 당신은 그럴 자격이 있다.

하루 일과를 현명하게 계획하라. 의미 없는 단기적인 기쁨은 장기적인 괴로움이 되곤 한다. 반면에 단기적인 고통은 장기적인 즐거움과 성장, 그리고 만족감을 가져다준다. 선택은 각자의 몫이다.

—— 의미 있는 삶으로 들어가는 문

미니멀리즘을 발견하고 삶의 단순화가 갖는 중요성을 깨닫기 전의 우리는 오하이오 주 데이턴 출신의 성공한 전문직 종사자들이었다. 하지만 겉보기에만 그랬을 뿐이다.

당시 우리가 살던 집에 온 사람들은 침실이 남을 만큼 넓은 집을 보면서 우리를 질투했다. 사람들은 우리의 억대 연봉 직업, 값비싼 차, 신형 기기, 풍족한 삶을 보았고, 이렇게 생각했다. '저 사람들은 세상을 살아가는 방법을 잘 알고 있네. 부럽군.' 그들은 그저 우리가 지닌 불필요한 물건들만 보고 우리가 성공했다고 생각했다. 어쨌든 우리는 아메리칸 드림을 이루긴 했으니까. 그렇지 않은가?

하지만 사실 우리는 전혀 성공한 사람들이 아니었다. 아마도 성공한 것처럼 보였을 수는 있다. 마치 트로피를 높이 들듯 사회적 신분의 상징을 자랑하고 다녔으니까.

우리는 진정으로 성공하진 못했다. 그 모든 물건을 가지고서도 삶에 만족하지 못했고, 행복하지 않았기 때문이다. 또한 우리는 주당 70~80시간을 일하고 더 많은 물건을 사들여도 공허감을 채울 수 없었다. 오히려 그럴수록 늘어나는 빚과 걱정, 두려움과 외로움, 죄책감과 압박감, 편집증과 우울증만 따라올 뿐이었다. 우리 인생에는 늘 '불안하고 목마른' 우리밖에 없었다. 게다가 우리는 시간을 마음대로 통제하지 못했고 결국 인생을 마음대로 꾸려나갈 수 없었다.

의식 없는 삶의 나락으로 떨어지고 있던 우리는 마침 우연히 미니멀리즘을 접했다. 마치 캄캄한 밤에 발견한 불빛 같았다. 우리는 호기심을 갖고 미니멀리즘의 가장자리를 서성이면서, 열심히 인터넷을 뒤져 정보와 안내와 깨달음을 구했고, 보고 배우며 '단순한 삶'이란 게 무엇인지 이해하려고 노력했다. 그렇게 몇 달에 걸친 조사 끝에 우리는 토끼굴의 더 깊고 깊은 곳까지 나아갔고, 가진 것은 적지만 우리가 간절히 열망했던 행복과 열정과 자유를 마음껏 누리고 사는 사람들을 발견했다.

결국 우리는 단순한 삶을 받아들였고, 미니멀리즘을 삶의 방식으로 수용했으며, 우리도 역시 행복해질 수 있음을 깨달았다. 하지만 그 방법은 더 많은 물건을 소유하고 부를 축적하는 것과는 거리가 멀었다. 우리는 인생에 대한 통제권을 되찾았으므로 보다 중요한 것에 집중할 수 있었다. 인생의 심오한 의미에 집중하고, 진실하며 지속적인 행복을 발견하는 데 시간을 할애할 수 있었다.

　우리는 의미 있는 삶을 살 때 행복이 찾아온다고 생각한다. 의미 있는 삶이란 열정과 자유로 가득한 삶, 개인으로서 성장하고 타인에게 의미 있는 일로써 기여하는 삶이다. 성장과 기여는 행복의 초석이다. 그러나 물건은 전혀 그렇지 않다. 이 말은 섹시하지도, 시장친화적이지도, 수익극대화와도 거리가 멀지만 진실이다. 인간은 개인으로서 성장하고 타인을 위해 기여할 때 행복해진다.

　성장이 없다면, 그리고 타인을 도우려는 의도적인 노력이 없다면, 우리는 돈과 권력, 지위와 거짓 성공의 덫에 걸려 사회적 통념에 충실한 노예의 삶을 살게 될 뿐이다. 미니멀리즘은 우리의 삶을 단순하게 만듦으로써 중요한 것에 집중할 수 있도록 도와주는 도구이다. 우리 역시 불필요한 물건을 없애고 의미 있는 삶을 사는 데 집중할 수 있었다.

여러분도 미니멀리즘의 세계로 초대한다. 가입비는 없다. 누구나 행복해질 자격이 있다. 의미 있는 삶을 살 자격도 물론 있다.

누구나 숭배하는 것이 있다

어른들의 삶에 무신론이란 없다. 누구나 무언가를 숭배한다.
우리가 선택할 수 있는 유일한 것은 숭배의 대상이다.
신이나 영적인 어떤 존재를 선택하는 이유는
아마도 그 외의 것들을 숭배할 경우 그것들에 지배당하기 때문일 것이다.
돈이나 물질을 숭배한다면, 그리고 인생의 진정한 의미를
그런 것들에 둔다면, 결코 충만함을 느끼지 못할 것이다.
자신의 몸과 아름다움과 성적인 매력을 숭배한다면 언제나 스스로를 추하다
여기게 될 것이며, 시간과 나이가 마침내 몸을 상하게 만들기도 전에 백만 번의
죽음을 겪을 것이다. 권력을 숭배한다면 결국 나약함과 두려움만이 남을 것이며,
내면의 공포를 마비시키기 위해 더욱 더 큰 권력을 원하게 될 것이다.

– 데이비드 포스터 월리스David Foster Wallace, 《이것은 물이다》 중에서

이것은 설교가 아니다

이 글이 신을 믿어야 하는 이유, 또는 믿지 말아야 하는 이유, 또는 믿음의 대상에 대한 가르침을 담은 설교로 흘러가지 않을까 걱정했다면 그럴 필요는 없다. 여러분이 어떤 영적 믿음을 갖고 있건, 우리는 영적인 면에 있어서 권하고 싶은 바가 없다.

대신 이 글은 물건에 대해 무의식적으로 갖는 강박에 대한 것이다. 물질적인 것뿐만 아니라 잘못된 목표에 지나치게 강박적으로 헌신하는 것도 포함된다. 이 글은 그러한 무의식적

강박을 다루는 법을 이야기할 것이다.

물건에 대한 무의식적 강박에 대하여

무엇이 중요한가? 알고 있는가? 삶에서 '중요한 것들'의 목록을 만들어본 적이 있는가? 그랬다면 그 목록에는 아마도 친구, 가족, 인간관계, 건강, 봉사, 성장, 목표, 신앙 등이 들어 있을 것이다. 사람들은 대부분 이런 것들을 가장 중요하게 여긴다. 그런데 만약 우리가 당신의 집 주변을 한 바퀴 돌아본다면 당신에게 중요한 것을 알아맞힐 수 있을까? 집에 있는 '물건들'은 '중요한 것들' 리스트와도 일치할까?

만약 여러분이 미니멀리즘을 삶에 적용하기 이전의 우리와 같다면 답은 보나마나 '아니오'일 것이다. 그 둘은 비슷하지도 않을 것이다. 만약 여러분이 당시의 우리 집 중 한 곳을 둘러본다면 아마 우리의 '중요한 것' 목록에는 DVD, 넥타이, 가전제품, 신발, 코트로 꽉 찬 벽장, 잡동사니로 가득 찬 서랍장 따위가 포함될 것이다.

물론 우리도 집안 가득 가족사진을 걸어두었고, 자주 쓰지는 않았지만 건강을 위해 운동기구도 사두었다. 그러니까 중요한 것은 모두 집 안에 있었지만 자질구레하고 넘쳐나는 물건들 사이에 몸을 감추고 있었으므로 알아차리기 힘들었을 것이다.

물질적 소유는 비도덕적이거나 나쁘다고 할 수 없다. 물질에 대한 사랑도 마찬가지이다. 물건에 대한 애착이 사람들을 함정에 빠뜨리는 이유는 무의식적이기 때문이다. 사람들은 자기가 물건을 숭배한다는 사실을 미처 깨닫지도 못한 채 그렇게 한다. 그리고 아무 의미도 없는 물건에 가치와 의미를 부여한다. 시간이 지남에 따라 이처럼 그릇된 대상을 향한 숭배와 집착은 치명적이고 자기 파괴적인 결과를 낳을 수 있다.

소리 내어 말해보기

이럴 때 도움이 되는 방법은 뭔가를 크게 소리 내어 말해보는 것이다. 사실과 어긋난 문장은 소리 내어 말해보면 어딘가 우스꽝스러운 부분이 있다. 한 번 시도해보라. 쉬운 것부터 시작하자. 말했을 때 어색하지 '않을' 문장부터. 인생에서 중요한 것들부터 이야기해보자. 세 가지만 소리 내어 말해보라. 원한다면 얼마든지 크게 소리쳐라.

→ 우리 가족은 나에게 '엄청나게 소중'하다.

→ 의미 있는 방식으로 타인에게 기여하는 일은 나에게 '대단히 중요'하다.

→ 친한 친구들이 없었더라면 지금의 나는 어떤 모습일지 모르겠다. 친구들은 나에게 '정말 소중'하다.

→ 건강하게 사는 일은 '무엇보다도 중요'하다.

→ 나에게 중요한 것은 〔   〕이다.

소리 내어 말해 보았는가? 정말로? 보라. 이중에 어색하게 느껴지는 문장은 없다. 우리의 신념과 조화를 이루기 때문이다. 각각의 문장은 그 안에 담긴 어조, 열정, 신념과 일치한다. 하지만 다음의 것들도 시도해보라. 동일한 신념과 열정을 담아 말하되 그 차이를 느껴보라. 어서 해보라. 지켜보는 사람은 아무도 없다.

→ 이 티셔츠는 나에게 '엄청나게 소중'하다.

→ 오늘 쇼핑몰에 가는 일은 나에게 '대단히 중요'하다.

→ 내 카키색 바지가 없었더라면 지금의 나는 어떤 모습일지 모르겠다. 바지는 나에게 '정말 소중'하다.

→ 남은 파이 조각을 먹는 일은 '무엇보다도 중요'하다.

이해가 되었을 것이다. 어색하지 않은가? 같은 문장 구조를 가졌지만 느낌은 완전히 다르다. 단지 몇 단어만 바꿔서 소리 내어 읽었을 뿐인데.

다시 한 번 말하지만 우리는 위와 같이 말한다고 해서 틀렸다거나 나쁘다고 생각하지는 않는다. 카키색 바지를 입는 것도, 파이를 먹는 것도, 물건을 소유하는 것도 모두 괜찮다. 하지만 이러한 물건들이 진정으로 중요하지는 않음을 우리 모두 잘 알고 있다. 인생에 아무런 의미가 없다는 사실도. 그럼에도 우리는 마치 물건이 인간관계나 건강, 또는 자유만큼이나 중요하다는 듯이(혹은 더 중요하다는 듯이) 행동할 때가 있다.

물건에 애착을 느끼는 것은 당연하다

여기까지 이미 다 아는 이야기였을 것이다. 새로운 이야기를 하려는 게 아니다. 누구나 청바지가 가족보다 더, 자동차가 건강보다 더, 유명 브랜드 화장품이 도움을 필요로 하는 사람들에게 봉사하는 일보다 더 중요하지 않다는 사실을 안다. 이런 것쯤은 다들 '안다.'

하지만 이런 사실을 '감정'이 아닌 '이성'으로 받아들인다는 것이 문제다. 마음 깊은 곳에서 우러나오지 않는다는 뜻이다.

대신 사람들은 종종 '물건'에 감정적인 애착을 갖는다. 마음 깊은 곳에서부터 물건에 대한 애정이 우러나오지만 이성적으로 생각해볼 필요성은 느끼지 않는다. 물건에 애착을 느끼기란 쉬운 일이다. 그 물건이 나를 사랑해주지 않을까봐 걱정할 필요도, 죽거나 나에게 흥미를 잃거나 다른 사람을 찾아 떠날까봐 걱정할 필요도 없기 때문이다. 물건을 사랑하는 일에는 직접적으로 발생하는 결과도 없거니와 즉각적인 만족감도 얻을 수 있으므로 기분도 좋아진다.

삶에서 경험하는 일들이 이런 식의 감정을 느끼도록 우리를 길들여 왔으므로 결국 우리는 '물건'에 감정적인 유대를 느끼도록 설계되어 있다. 불행하지만 '기본 설정'이라고 할 수 있다. 우리가 이렇게 설계된 이유는 여러 가지가 있다. 문화 때문일 수도 있고, 번드르르한 마케팅 때문일 수도 있고, 우리가 생각을 종합할 능력을 갖게 된 이래로 빚어 온 신념의 틀 때문일 수도 있다.

하지만 그것이 무엇 때문인지는 중요치 않다.

기본 설정 바꾸기

중요한 것은 '우리의 잘못이 아니라는' 사실이다. 적어도

'물건'에 감정적인 애착을 갖도록 설정되어 있는 것은 우리의 잘못이 아니다. 모국어를 말하는 것이 우리의 잘못은 아닌 것처럼 말이다. 언어는 오랜 시간에 걸쳐 배웠을 것이고, 물론 모국어를 입 밖에 내지 않겠다고 선택할 수도 '있었을' 테지만, 일단은 자라면서 그 언어를 배워 왔으므로 언제나 애착을 갖고 있을 것이다. 모국어는 죽을 때까지 '기본 설정' 언어로 남을 것이다. 마찬가지로 물건에 대한 애착은 고정된 애착이자 고정된 설정이지만, 그 사실을 부끄러워해야 한다는 뜻은 아니다. 그저 알고 있으면 된다.

따라서 우리의 '잘못'은 아니겠지만 그 기본 설정을 진정 의미 있는 것으로 향하도록 조정하는 일은 우리의 '의무'이다. 이러한 '조정에 성공'한 사람들은 이성적 믿음과 감정적 믿음이 일치하는 신념의 틀을 내면에 품고 있다. 이들이 신념의 자동 조정에 성공한 이유는 우연의 일치가 아니라 순전히 의도적인 노력 덕분이다. 이성적 신념과 감정적 신념을 하나로 일치시키는 일은 의식적인 선택의 결과이며, 그러한 선택을 내리기란 쉬운 일이 아니다. 한 번 결정한다고 해서 영원히 신념을 고정시킬 수 있는 것도 아니다.

이것은 운동과 비슷하다. 헬스클럽에 단 하루 나가 몇 시간

열심히 운동하고 나서 평생 좋은 몸매를 유지할 수 있다고 생각할 수는 없다. 운동은 그런 식으로 효과를 볼 수 없다. 때로는 너무나 어려워서 해내지 못할 거란 생각이 들 수도 있다. 때로는 길고 힘든 하루를 보내서 운동하고 싶은 마음이 전혀 들지 않을 수도 있다.

이와 마찬가지로 신념이 감정을 따르게 하는 일은 훨씬 쉽게 느껴진다. 쇼핑몰에 들러 신용카드로 비싼 옷을 사는 일은 쉽다. 아이에게 맥도널드 해피밀을 사주어 달래는 일은 쉽다. 중요한 것들을 뒤로, 다음 날로 미루는 일은 쉽다. 하지만 이런 일이 너무 잦아져 모든 것을 내일로 미루기 시작한다면 우리가 바라는 내일은 결코 오지 않는다.

단순하고 미니멀리즘에 입각한 선택의 자유가 있는 삶의 방식을 받아들인 후에도, 우리는 여전히 그런 실수를 한다. 자꾸만 기본 설정으로 되돌아가곤 한다. 해답은 넘어지려 할 때 스스로를 다잡고, 스스로 내린 결정을 의식하며, 기본 설정으로 돌아가지 않도록 빠르게 방향을 조정하는 데 있다. 해답은 의식적인 삶, 즉 진정한 의미와 행복, 성취감과 자유로 가득한 삶을 사는 데 있다.

삶이 주는 최고의 선물을 누리길 바란다. 쉬운 일은 아니지만 우리 모두는 의식적인 삶, 중요한 것에 집중하는 삶을 살 자격이 있다. 무엇보다도 인생은 단 한 번 아닌가. 깨어 있는 정신으로 삶을 마주하는 것이 가장 좋다.

나는 세상의 중심이 아니다 ————

이 세상의 완전한 중심이자 가장 진실하고 생동감 넘치며
중요한 사람은 바로 나 자신이라는 깊은 믿음을 지지한다.
이처럼 당연하고 기본적인 자기 본위를 좀처럼 생각하지 않는 이유는
사회적으로 비난받기 쉽기 때문이다. 하지만 누구라도 마찬가지다.
우리는 태어날 때부터 자기중심적으로 설계되었다. 생각해보라. 나 자신이 완전한
중심에 서지 않은 채 경험했던 일은 한 가지도 없다. 당신이 경험하는 세상은
바로 '당신' 앞에, 혹은 '당신' 뒤에, 혹은 '당신' 왼쪽이나 오른쪽에,
'당신의' 텔레비전이나 '당신의' 모니터 안에 존재한다. 타인의 생각과 감정은
의사소통을 통해 당신에게 전달되어야 하지만,
당신 자신의 생각은 매우 즉각적이고 긴박하며 사실적이다.
– 데이비드 포스터 월리스, 《이것은 물이다》 중에서

다른 관점

세상을 나 자신의 것이 아닌 다른 관점에서 생각하기란 매
우 어렵다. 우리는 언제나 우리의 삶에서 벌어지는 일을 걱정
한다. 오늘 내 일정이 어떻게 되지? 다음 구조조정 때 해고되
면 어떻게 하지? 담배를 끊지 못하면 어떡하지? 왜 이렇게 살
이 쪘지? 왜 나는 행복하지 않지?

그러니까 우리는 우리 자신의 삶에 관련된 것만을 정확히
안다고 할 수 있다. 좋은 것, 나쁜 것, 우리 삶 속에 있는 것.

물론 우리는 타인을 걱정하기도 하지만, 우리 스스로의 인

생에 대해 걱정하는 것과 같은 수준의 강도나 집중 및 애정을 가지고 하지는 않는다. 우리가 걱정을 할 때는 근본적으로 우리 자신에 대해, 그리고 우리 주변에서 일어나는 일이 우리에게 미칠 영향에 대해 걱정한다.

중심에서 주변으로 시선 돌리기

이는 소위 자선 활동에 있어서도 마찬가지이다. 생각해보라. 남을 위해 봉사한다면 그 이유는 무엇인가? 아마도 '남을 돕기 위해서'라고 대답할 것이다. 이 답은 아마 진실일 것이다. 그렇다면 우리는 왜 남을 돕고 싶어 할까? '그 사람들의 기분이 좋아질 테니까.' 역시 진실이다. 그렇다면 우리는 왜 그들의 기분이 좋아지길 바랄까? '다른 사람의 기분이 좋으면 나도 행복하니까.'

오! 정확하다. 남을 돕는 일은 '나'를 행복하게 만든다. 정확히 말하면 남을 돕는 일이나 남을 도움으로써 좋은 기분을 느끼는 일에는 문제가 없다. 오히려 기쁨을 느껴야 '마땅하다'. 우리 역시 늘 남들을 도우려 노력한다. 시간을 내어 지역 자선 단체나 비영리 단체에서 봉사를 하기도 하고, 사람들에게 의미 있는 방법으로 기여하려고 의식적으로 노력한다. 사실 우리의 웹 사이트 역시도 사람들을 돕기 위해 만들었다. 타인에 대한 기여는 놀랍고도 아름다운 덕목이다.

하지만 덕목에 대해 이야기하고자 하는 것은 아니다. 덕이 있는 사람이 되라고 설교하거나, 자선 단체에서 봉사해야 할 필요성 또는 대의를 위해 수도자처럼 헌신하는 삶을 살아야 하는 이유 따위를 설명하려는 것도 아니다.

대신 이 글을 통해 스스로를 세상의 중심으로부터 의식적으로 밀어내는 일에 대해 이야기하고자 한다. 당신 앞에서, 주변에서, 그리고 내면에서 일어나는 일에 주의를 기울이는 일에 대한 이야기이다.

그래도 당신은 세상의 중심이 아니다

생각을 매 분, 매 시간, 매일같이 통제하는 일은 쉬운 일이 아니다. 우리는 내면에서 일어나는 일들에 대한 생각을 통제하는 능력이 진정한 행복과 자유를 얻는 열쇠임을 먼저 밝혀 두고자 한다.

따분하게 들리겠지만 진실이다. 자기 자신을 상황으로부터 떨어뜨려 놓고 볼 수 있다면(자신의 관점에서 벗어날 수 있다면) 세상을 다른 시각으로 볼 수 있고, 그 결과 세상은 다른 의미로

다가올 것이다.

그러니까 우리가 지적하고 싶은 것은 사회적 통념, 즉 '내가 세상에서 가장 중요한 사람이며, 내가 원하는 것은 가장 중요한 것이고, 내 인생에서 가장 중요한 임무는 나의 욕구를 만족시키는 것'이라고 말하는 통념이다.

우리의 표현이 생경하고, 심하면 혐오스럽게 느껴질지도 모르지만 사실이다. 이 통념은 텔레비전과 광고, 오락거리와 무한한 소비문화에 의해 형성되었다. 이 통념이 초래하는 경제적 이득이 너무나 크기 때문이다. '삶이란 그런 것이다, 우리는 모두 자기만의 세상에 살고 있고, 주변 사람들보다 더 중요한 존재이다.' 세상의 모든 사람에게 적용할 수 있는 진실은 아닐 수도 있지만, 우리의 문화 전체를 두고 봤을 때는 진실이다. 우리의 문화적 에토스('성격'과 '관습'을 의미하는 옛 그리스어로 사람의 특징적인 성질을 말한다)는 정확히 위와 같이 요약된다.

물론 이러한 통념을 말로써 전달하는 일은 없다. 우리의 부모님은 어릴 적 우리를 앉혀 놓고 '인생이란 그런 거란다' '우리는 우리 세상의 중심이란다'라고 설명해주지 않는다. 이것은 보다 미묘하고 점진적이며, 다수의 메시지를 통해 전달된다. 우리의 문화는 방종과 자기만족, 그리고 자기발전을 찍어내는 거대한 틀이다.

이 자기중심적인 틀은 어떤 면에서는 매우 효과적이다. 이 틀 덕분에 많은 서양인들이 막대한 부를 창출했고, 큰 수익을 내며(우리가 원하지 않는 물건을 사게 만든다), 소비자들은 궁전이 화려한 저택으로, 전차가 고급 승용차로, 신하가 각종 물건들로 대체된 작은 왕국을 건설하게 되었다(적어도 겉보기에는 그러하다).

하지만 다른 관점에서 이 틀은 전혀 효과적이지 않다. 우리는 부분적으로나마 나 자신이 아닌 다른 문제를, 나 자신보다 더 중요한 문제를 고민할 필요가 있다. 이런 문제에 대해 거론하기가 어려운 이유는 이것들이 보통 재미있거나 흥미롭지 않기 때문이다. 빠른 차, 큰 집, 비싼 술, 과한 소비가 주는 유혹적인 즐거움을 광고하기는 쉽다. 광고 전문가들이 멋지고 간결한 30초짜리 영상에 플래시 컷을 삽입하는 식으로 이미 능수능란하게 해온 일이다. 하지만 이타심과 사회적 기여, 그리고 타인에 대한 존중을 마찬가지로 매력 있게 전달하기란 훨씬 어렵다. 더욱이 비슷하게 짧은 시간 안에 같은 매체를 이용하여 전달하기란 불가능에 가깝다.

그럼에도 불구하고, 다소 역설적이게도 이러한 덕목 없이 진정한 만족은 없다. 나 자신을 넘어서 타인에게 기여하지 않는다면 성취감과 충족감은 공허해진다.

미니멀리즘의 도구적 가치

바로 이런 이유 때문에 최근 미니멀리즘 운동이 널리 전파되고 있는 것은 아닐까? 미니멀리즘은 중심에서 물러나고, 행복에 다가가기 위해 더 많은 것을 원하는 욕망을 버리라고 말한다. 대신 미니멀리즘은 우리 안에 이미 행복이 존재하며, 자동차나 요트나 저택이나 옷가지 등 세상의 모든 불필요한 소유 없이도 행복하다는 사실을 알려준다. 세상의 모든 물건은 잘못되었거나 나쁜 것이 아니라 그저 인생의 핵심이 되지 못할 뿐이다.

인생의 핵심은 훨씬 복잡하고 심오하지만 미니멀리즘을 통해 보다 단순하고 실질적인 것으로 파악할 수 있다. 여기에 미니멀리즘의 매력이 있다.

미니멀리즘은 우리가 의식을 되찾고, 삶의 진정한 핵심이 소비나 물건에 있지 않음을 깨닫게 도와주는 도구이다. 삶의 진정한 목적은 의미 있는 방식으로 타인에게 기여하는 것이다. 특별한 의식을 지닌 사람만이 통념의 틀을 깨고 이 사실을 깨달을 수 있다. 진정으로 깨닫고 나면 보다 의미 있는 삶을 살아가게 된다. 열정과 행복, 자유로 충만한 삶을.

가장 값진 종류의 자유

인간과 돈과 권력으로 이루어진 현실 세계는 공포와 분노와 좌절과 갈망과
자기 숭배의 웅덩이 위를 신나게 질주한다. 우리의 문화는 거대한 부와 안락과
개인적 자유를 형성하는 데 이러한 힘을 이용했다.
누구라도 두개골 크기의 자그마한 왕국, 세상의 중심에서 홀로 군주가 될 자유.
이런 종류의 자유는 매력적이다. 하지만 다른 종류의 자유도 있다.
이 중 가장 값지며, 욕망과 성취만 좇는 세계에서는 좀처럼 이야기되는 일이 없는
종류의 자유가 있다. 진정 중요한 종류의 자유는 자각과 의식으로부터 나온다.
– 데이비드 포스터 월리스, 《이것은 물이다》 중에서

데이비드의 우화

데이비드 포스터 월리스는 자신의 책 《이것은 물이다》의 서
두를 물고기 이야기로 시작한다. 하루는 작은 물고기 두 마리
가 함께 헤엄치다가 나이 많은 물고기와 우연히 마주쳤다. 나
이 많은 물고기는 인사를 건넸다. "좋은 아침, 꼬마들. 오늘 물
이 어떠니?" 어린 물고기 두 마리는 계속해서 헤엄치며 가던
길을 갔다. 그 중 한 물고기가 다른 물고기를 보며 이렇게 물었
다. "도대체 물이 뭐야?"

월리스의 우화가 주는 교훈은 우리에게 가장 당연한 것들이
때로는 전혀 당연하지 않다는 사실이다. 아직 헷갈린다고? 글

쎄, 다른 말로 표현하자면 이렇다. 우리는 매일 일상에 파묻힌 나머지 주변에서 일어나고 있는 일을 미처 알아차리지 못하곤 한다. 더 심한 경우 우리 내면에서(머릿속이나 마음속에서) 일어나는 일을 알아차리지 못할 때도 있다. 물고기 두 마리도 자기들에게 가장 당연한 주변 환경을 오히려 모르고 있었다. 물은 어디에나 있으며, 물고기의 생존을 위해 물은 매우 중요하고 필수적인 것이지만, 어린 물고기 두 마리는 심지어 물이란 것이 존재한다는 사실조차 몰랐다.

당신의 '물'은 무엇인가?

그러면 이 이야기를 어떻게 우리 삶에 적용할 수 있을까? 물론 우리는 생존에 필요한 것들을 알 만큼 충분히 똑똑하다. 물고기에게 물이 필요하듯이 우리에게는 숨 쉴 공기와 먹을 음식이 필요하다는 사실쯤은 안다.

어쩌면 우리에게 '물'은 훨씬 깊고 복잡한 개념인지도 모른다. 아마도 우리의 '물'은 '행복'이나 '충족감'이나 '자유' 같은 복잡한 개념을 포함하고 있을 것이다. 이 모든 개념은 겉보기에 추상적이고 난해하지만, 우리가 아는 것보다 훨씬 명백하며 필수적인 개념일 것이다. 물고기에게 물이 필요하듯 우리에게는 자유가 필요하기 때문이다.

자유란 무엇인가?

자유는 광범위하고 복잡한 개념이므로 이를 정의 내리거나 설명하거나 분석하기란 어렵다. 자유의 의미는 사람마다 달라지며, 맥락에 따라 다른 의미를 띤다. 그래서 조너선 프랜즌은 9년의 시간과 600페이지에 달하는 지면을 들여 '자유'를, 같은 제목의 소설을 통해 설명하고자 했는지 모른다.

게다가 자유를 하나의 사건으로 설명하기란 불가능에 가까우므로 추상적으로 이야기할 수밖에 없다. 아마도 이런 이유로 프랜즌은 이야기와 등장인물, 그리고 소설 속 시간으로 40년에 걸친 서술을 통해 고독과 사랑, 욕망과 고통 등의 개념을 자유와 비교 대조했을 것이다. 각각의 개념은 자유를 직접 설명하지는 않지만 집합적으로는 자유의 본질을 설명하는 단초를 제공한다.

가장 값진 자유, 자각

자유는 복잡한 개념이다. 우리도 일반명사로서의 자유에 대해 논할 생각은 없다(만약 그렇게 한다면 500페이지에 걸쳐 에둘러 말하는 주장으로 가득한, 지루한 졸업 논문이 될 것이다). 대신 우리는 특정한 종류의 자유, 즉 의식에 대해 말하고자 한다. 좀 더 자세히 말하면, 특정한 종류의 의식적이고 섬세한 자각, 즉 주변 세계와 내면 세계에서 일어나고 있는 일을 알아차리는 의식에 대한 것이다. 이처럼 늘 주의를 기울이고 자각할 수 있다는 것은 가장 값진 종류의 자유이다. 여러 가지 측면에서 이것은 삶과 죽음의 선택과도 같다. 즉 의미 있는 삶을 사는 것과 내면의 죽음을 맞이하는 것 사이의 차이라고 할 수 있다.

이런 종류의 주제가 지루한 설교처럼 들린다는 것을 우리도 안다. 이런 이야기에 대해서는 생각하지 않는 편이 기분 좋으므로 난해한 헛소리라고 일축하기 쉽다. 의식하지 못한 채로 일상을 살아가는 편이 기분은 더 좋다. 하지만 이러한 무의식적 삶은 우리를 진정으로 자유롭게 만들지 못한다. 우리를 생각 없이 충동에 따라 움직이는 세상의 노예로 만들 따름이다.

미니멀리스트는 항상 깨어 있다

여기에 미니멀리즘이 매력적인 또 다른 이유가 있다. 미니멀리즘은 많은 방해물을 제거하고 우리가 중요한 것에 집중할 수 있게 한다. 미니멀리즘은 의미 있는 삶을 위해 불필요한 것을 없애는 도구이다. 겉보기에 복잡하고 난해하며 어수선한 세상을 단순하고, 쉽고, 진실로 충만하게 만드는 도구이다.

늘 주의를 기울이고 자각하기란 생각보다 어려운 일이다. 피곤한 세상이 놓은 덫과 방해물에 둘러싸여 예전의 최면 상태로 돌아가지 않고 버티는 일도 힘겹다. 하지만 그래야만 한다. 이것이 나의 삶이며, 나의 삶은 중요하다는 사실을 스스로에게 상기시키고, 변화를 이룰 수 있음을 떠올리고, 나 자신을 초월한 지상 목표가 있음을 마음속에 되새겨야 한다. 스스로 '이것은 물'이라는 사실을 알아차리고 항상 깨어 있어야 한다.

만약, 그렇다면 ————

너는 네 기분을 정당화하려고 거짓말을 하고 있어.

– 제이 내시Jay Nash

사람들은 자기가 잘못 내린 결정에 대해 설명하려고 온갖 종류의 변명을 지어낸다.

'만약' 돈이 있다면, 행복해질 것이다.

'만약' 더 나은 유전자를 갖고 태어난다면, 살을 뺄 수 있을 것이다.

'만약' 시간이 더 있다면, 더 많이 운동할 것이다.

'만약' 채소를 좋아한다면, 더 건강한 음식을 먹을 것이다.

'만약' 대학에 갔다면, 성공할 것이다.

만약 그랬다면, 그랬을 것이다.

하지만 이런 식으로 말한다면 실패의 길을 걸을 수밖에 없다. 이런 화법은 자기 충족적 예언의 힘을 약화시키고 우리를 방해한다. 가장 좋은 방법은 '만약'으로 시작하는 구절을 없애버리고 진정한 잠재력을 담은 진술만을 남기는 것이다.

행복해질 것이다.

살을 뺄 것이다.

더 많이 운동할 것이다.

더 건강한 음식을 먹을 것이다.

성공할 것이다.

사실을 말하자면…….

'만약' 당신이 간절히 원하기만 한다면, 의미 있는 삶을 살 수 있다.

나의 30번째 생일을 축하하는 의미로 30가지 인생 교훈을 준비했다. 그리고 부디, 내 생일 선물을 준비하지는 말아 달라. 응원만으로 충분하고도 남는다.

1 사람들이 나를 어떻게 생각하는지는 중요하지 않다. 나를 어떤 사람으로 생각하게 할 것인지가 중요하다. 나는 초등학생 때부터 고등학교 1학년 때까지 통통하고 치열이 들쑥날쑥하며 자존감이 낮은 아이였다. 그래서 남들이 나를 어떻게 볼지 늘 신경이 쓰였다. 외모는 내게 아주 중요한 문제였다. 게다가 나는 늘 인기 있는 아이들과 어울리고 싶어 했다. 돌이켜 보

면 아주 괜찮은 친구들도 있었지만 '잘 나가는' 아이가 아니라고 생각해서 멀어진 적도 있었다. 나이가 들면서 그렇게 잘 나가던 아이들도 꼭 행복하지는 않다는 것을 알게 되었다. 그리고 사람들이 나를 어떻게 생각하느냐보다 사람들이 나를 어떤 사람으로 받아들이게 할 것인지가 훨씬 더 중요하다는 사실을 깨달았다.

2 모든 조언에 귀 기울여라. '지금 알고 있는 걸 그때도 알았더라면.' 자라면서 이 말을 부모님과 선생님으로부터 얼마나 들었는지 셀 수도 없다. 서른이 된 지금의 나는 그분들이 하고자 했던 말씀을 이해한다. 나이가 들수록 부모님의 지혜에 놀라곤 한다. 부모님과 선생님의 조언을 들었더라면 하지 않았을 실수도 많다. 이 사실을 깨닫고 나서 사람들이 내게 하는 말에 동의하지는 않더라도 적어도 귀를 기울여야겠다고 다짐했다. 그러자 나 자신을 돌아보며 변화시키고 싶은 모습이 있는지 생각하게 되었고, 큰 효과가 있었다.

3 행복은 내면에서 나온다. 나 자신이 내가 가진 물건에 의해 정의된다면 내면에는 공허가 자리 잡는다. 행복은 우리가 소

유한 물건이 아니라 우리의 내면에서 나온다.

4 지금 행복하지 않다면 더 많이 갖는대도 행복해질 수 없다. 단순하다. 돌이켜 보면 지금 당장 삶에 만족하지 못하면 더 많은 것을 갖게 되었을 때에도 나아지는 것은 없었다.

5 용서는 중요하다. 과거에는 나에게 모욕을 준 사람들을 늘 기억하고 미워했다. 성경에 이런 심오한 말씀이 있다. '스스로를 용서하듯이 서로를 용서하라.' 나는 과거를 잊고 다른 사람을 쉽게 용서하는 방법을 배운 이후로 훨씬 행복해졌다. 더 큰 잘못을 용서할수록 더 큰 행복이 찾아왔다.

6 정말 가까운 친구는 한 손으로 셀만큼 적다. 이 말 역시 자라면서 부모님과 조부모님으로부터 자주 들었던 기억이 난다. 그분들이 옳았다. 나이가 들수록 진정한 친구를 가려내는 분별력이 생긴다.

7 정직은 언제나 옳다. 이 교훈은 18살 때 할머니의 술을 몰래 가져갔다가 솔직히 털어놓았던 경험으로부터 얻었다. 당시

나는 할머니와 같이 살고 있었다. 할머니는 내게 술을 가져갔냐고 물었을 때 만약 내가 거짓말을 했다면 집에서 나가라고 할 작정이었다고 했다. 믿을 수 없는 사람과는 함께 지낼 수 없으므로. 살면서 정말 큰 실수를 저질렀을 때에도 정직함 덕분에 심한 처벌을 면하고 사람들의 신뢰를 얻을 수 있었다.

8 거짓말을 하면 꼬리가 잡힌다. 이것은 내 인생의 진리이다. 게다가 거짓말을 하고 나면 그 거짓말을 덮기 위해 더 많은 거짓말을 하게 될 것이다. 악순환이다.

9 정직은 정말 중요하지만 완전히 투명할 필요는 없다. 과거의 나는 언제나 숨김없이 직설적으로 말하곤 했다. 하지만 진실이라고 해서 굳이 입 밖으로 낼 필요는 없음을 깨달았다. 머릿속에 있는 생각을 모두 토해낼 필요는 없다.

10 사람은 누구나 착하다. 나는 사람들에게 속거나 괴롭힘을 당하거나 부당한 대우를 받은 적이 꽤 있어서, 약간 부정적인 시각으로 사람들을 대하고 늘 최악의 경우를 예상했다. 올해 느낀 것은 나에게 못되게 굴었던 사람이라도 어느 정도 착

한 구석이 있다는 사실이다. 완벽한 사람은 없다. 그렇게 생각하니 부정적인 생각이 줄었다.

11   속도를 줄여라. 나도 계속해서 연습하고 있는 부분이다. 감당하기 힘든 큰 일이 있을 때면 속도를 늦추고, 숨을 고르고, 자기에게 맞는 속도를 찾을 필요가 있다.

12   직장에서 친한 사람이 모두 친구는 아니다. 이 교훈 역시도 실패를 통해 얻었다. 직장에서 누군가에게 속마음을 털어놓을 때는 주의하라.

13   스스로에게 정직하라. 옳지 않거나, 좋지 않거나, '나'답지 못하다고 느껴지는 일은 하지 마라. 이 조언을 따른 이후로 더욱 행복해질 수 있었다.

14   모든 결정은 중요하다. 이 사실을 고등학교 학생인 내 동생들에게도 주입하려고 노력중이다. 우리가 내리는 모든 결정은 미래에 영향을 미친다. 선택은 제로섬 게임이 아니다.

15   세상에 공짜는 없다. 모든 결정에는 대가가 따른다. 시간

이든, 감정이든, 돈이든.

16 '마치 ……인 것처럼 행동하라.' 영화 '보일러룸Boiler Room'에 나온 대사이다. 영화를 본 지 10년도 더 지났지만 아직까지 기억에 남아 있다. '이 세상에서 바꾸고 싶은 것이 있다면 스스로 그 변화의 중심에 서라'는 뜻으로도 해석할 수 있다. 어느 쪽으로든 인생에 큰 도움이 되어준 대사이다.

17 '열등감이란 스스로의 인정 없이는 생기지 않는다.' 루스벨트 대통령의 부인인 엘리너 루스벨트Eleanor Roosevelt의 말이다. 다른 사람들이 나에 대해 어떻게 생각하고 말하는지 신경 쓸 필요는 없다. 그들이 하는 생각과 말은 내가 사실로 받아들일 때에만 사실이 된다.

18 인생에서 가장 심오한 조언은 가장 상투적인 말 속에 숨어 있다. '네가 원하는 것이 무엇이든 그렇게 될 수 있다.' '인생은 너무나 짧다.' '시간이 약이다.' '기다리는 자에게 행운이 온다.' 상투적이라고 해서 무시하지 마라. 상투적인 표현이 된 데는 그럴 만한 이유가 있다.

19 별 것 아닌 일로 속 태우지 마라. 나이가 들수록 더욱 공감하는 말이다. 점점 덜 질투하게 되고, 더 용서하게 되고, 삶에서 부정적인 측면에 더 쉽게 눈감게 된다.

20 모든 일은 별 것 아니다. 인생을 바꿀 만한 큰일을 겪고 나면 이 말이 정말 와 닿는다. 나는 살면서 나 자신이나 친구, 또는 가족에게 생긴 아슬아슬한 상황을 목격한 이후로 내가 가진 문제들이 얼마나 사소한지 깨달았다.

21 건강을 돌보지 않으면 잃게 될 것이다. 이 말을 다시 한 번 설명할 필요가 있을까 싶다. 서른이 넘은 사람이라면 내가 하려는 말을 정확히 이해할 것이다.

22 인간관계는 중요하다. 이 교훈으로부터 온갖 상투적인 말이 나온다. 첫째, 사람은 중요하다. 주변 사람들은 나의 성장을 도와준다. 둘째, 인간관계에는 노력이 필요하다. 전 여자 친구들과의 관계에서 특히 그랬다. 이 사실을 알고 나서 인내심을 많이 갖게 되었다. 셋째, 가능하다면 누구와도 인연의 끈을 끊지 마라. 누가 나의 운명을 결정짓게 될지는 아무도 모른다.

23 열정을 갖고 살아가라. 열정 없이 산다면 죽을 만큼 지루할 것이다. 인생이 지루하다면 열정이 샘솟는 대상에 집중하라. 열정에 쏟을 시간이 없다면 시간을 만들어라.

24 성장하지 않는다면 죽어갈 뿐이다. 삶에서 성장이 없다면 죽을 날만 기다리는 셈이다.

25 기여하라. 다른 사람이나 공동체에 기여한다면 기분이 좋아질 것이다. 누군가에게 기여할 때 진정 살아 있다는 기분이 든다. 타인에 대한 기여는 나를 계속 움직이게 하고, 아침에 눈을 뜨게 하고, 내게 계속해서 힘을 불어넣는다.

26 20년 후에는 했던 일보다 하지 않았던 일을 더 후회하게 될 것이다. 나는 이 사실을 늘 기억하려고 한다. 학사 학위를 딸 때도 그랬다. 학위가 없던 25살의 나는 30살이 되었을 때 학위를 갖고 있길 바라는지 아니면 30살이 되어서도 학위를 갖고 싶어 할지 스스로 물어봤다. 지금은 학위가 꼭 필요한 것은 아니지만, 30살이 아닌 25살에 공부를 다시 시작한 일은 잘했다고 생각한다.

27 인생은 바로 지금 이 순간을 살아야 한다! 나는 이 사실을 망각하고 있었다. 퇴근하고 집에 왔을 때에도, 늦게까지 야근을 할 때에도, 두 시간씩 걸려 출퇴근을 할 때에도, 잊고 있었다. 지금 이 순간의 인생을 살아야 한다는 사실을 잊지 마라.

28 놓아버리는 법을 배워라. 어려운 일이지만 그렇게 해야 한다. 때로는 어떤 일을 아등바등 붙잡고 있기보다 그저 놓아버리는 것만으로 마음이 편해지고 일이 해결되기도 한다. 회사가 나를 얼마나 홀대했는지, 그 사람이 내 말을 얼마나 무시했는지, 어떻게 하면 10년 후에 CEO가 될 수 있을지 계속 떠올리고 고민할 수는 있지만, 사실 이중에 중요한 것은 아무것도 없다.

29 모든 것은 변한다. 시시각각 눈에 띄게 변하는 것은 없어 보이지만, 10년 전을 돌이켜 보면 지금과 완전히 다르다. 변화는 예정되어 있고 우리는 거기에 맞춰 계획을 세워야 한다는 사실만은 변치 않는다. 자신을 기만하지 마라.

30 미루는 버릇은 무익하다. 미루는 일이 버릇이 되어서는 안

된다. 얼마 동안 그 일을 미룰 수는 있지만 해결되는 것은 아니다. 내일도 그 일은 그 자리에 '해야 할 일'로 남아 당신을 짓누를 것이다.

타인의 조언과 파시즘 ─────

조언을 하는 일은 쉽다. 누구라도 조언을 할 수 있고, 권할 수도 있으며, 무슨 일을 할지 지시를 내릴 수 있다. 하지만 누군가의 조언이 나에게 늘 옳은 것은 아니다. 또한 사람들이 이런저런 조언을 쏟아내면 그 중에서 선택하는 일도 쉽다. 인간관계에 문제가 생기면? 보통 친구에게 조언을 구한다. 동료와 사이가 좋지 않다면? 다른 동료에게 조언을 구한다. 돈 문제가 생기면? 글쎄, 무슨 말인지 다들 이해했을 것이다.

하지만 때로 우리가 해야 할 일은 그저 자기 자신을 돌이켜보며 스스로 조언을 구하는 일이다. 나 자신을 나보다 더 잘 아는 사람은 없지 않은가? 누구도 내가 놓인 상황을 나만큼 자세히 알지 못한다. 그 누구도 나만큼 예상되는 시나리오와 잠재적인 결과를 잘 알지 못한다.

그러면 우리는 왜 이렇게 자주 다른 사람들에게 조언을 구하는 것일까? 쉽기 때문이다. 다른 사람이 지시를 내려주면 굳이 생각할 필요도 없다. 이는 우연히도(어쩌면 우연이 아닐지도) 파시즘의 원리와 같다(즉, 다른 사람이 나 대신 결정을 내리는 것이다).

아니면 우리는 때로 스스로 찾아낸 조언을 다른 사람들이 재확인해주길 바란다. 하지만 다른 사람들은 그 조언을 따랐을 때 발생할 결과에 직접적인 관계가 없으므로, 그들의 시각은 나의 관점에 비해 타당성이 떨어진다. 물론 다른 사람에게 조언을 구해도 괜찮다. 객관적인 시각이 큰 도움이 될 때도 있다. 하지만 기억하라. 선택을 감수해야 하는 사람은 그 누구도 아닌 바로 나 자신이다.

잘못된 결정과 실수를 혼동하지 마라 ─────

너는 네가 한 마지막 실수,
너는 바로 네가 한 잘못.
– 어거스타나Augustana(미국의 록밴드), '마지막 실수Last Mistake' 중에서

바람을 피웠던 사실을 들킨 정치인이 '큰 실수를 저질렀다'고 말한다. 매출 누락으로 탈세를 저지른 사업가가 국세청에 그건 '실수'였다고 말한다. 어머니에게 거짓말을 했던 아들이 자기 '실수'를 고백한다. 사실 위의 예시에서 실수는 모두 '잘못된 결정'으로 바꿔야 한다.

시험에서 답을 잘못 고르는 것은 실수지만, 시험공부를 하지 않은 것은 잘못 내린 결정이다. 실수는 의도하지 않고 한 일이고, 잘못된 결정이란 의도적으로, 때로는 뒷일을 생각지 않고 한 일이다.

잘못된 결정을 실수로 포장하고 넘기기는 쉽다. 그러면 자

신이 받을 타격을 완화하고 줄일 수 있다. 하지만 그래서는 안 된다. 잘못된 선택을 실수로 포장하면 '나는 아무것도 잘못한 것이 없다'고 생각하며 책임감을 느끼지 않는다. 또한 내 잘못이 아니라고 생각하고 나면 잘못 내린 결정을 받아들이기가 더 쉬워진다. 결국 잘못된 결정을 실수로 치부해버리고 나면 계속해서 똑같이 잘못된 결정을 내리게 될 것이다.

사람은 누구나 실수를 한다. 사람은 누구나 잘못된 결정도 내린다. 그건 사람이 살면서 겪는 경험의 일부이다. 실수를 했다면 축하하라. 실패는 종종 성공으로 향하는 이정표가 된다. 나쁜 결정을 내렸다면 거기서 교훈을 얻어라. 하지만 이 두 가지를 혼동해서는 안 된다.

결핍감을 부추기는 사회 ————

당신은 뭔가 결핍되어 있는가? 광고를 만드는 사람들은 대중들이 스스로 결핍되어 있다고, 뭔가를 강렬히 원한다고 믿게끔 만든다.

우리는 매일 뭔가 결핍되어 있다는 증거를 보고 듣는다. 텔레비전에서, 라디오에서, 인터넷에서, 고속도로 광고판에서 우리는 늘 스스로가 너무나 부족하다는 수많은 메시지에 둘러싸여 있다.

'진짜 남자라면 이 브랜드의 맥주를 마시고, 이 부위의 고기를 먹고, 이 브랜드에서 나온 SUV를 몰아야 한다.' '진짜 여자라면 이 작은 사이즈의 드레스를 입고, 이 반짝이는 액세서리를 하고, 가죽 표면에 찬란한 C나 LV 로고가 박힌 핸드백을 들어야 한다.' 사람들은 그래야만 '나라면 이 정도는 가져야 충분해'라고 느낀다. 혹은, 그렇게 믿도록 조종당한다.

그런데 이런 것들을 모두 얻고 나면 어떻게 될까? 오랫동안 충족감을 느끼게 될까? 아니, 물론 그렇지 않다. 사치스런 소비를 향한 갈증은 더 많은 물건을 손에 넣는대도 결코 해소되지 않는다. 오히려 그 반대다. 소비 욕구는 더 늘어나고, 기준이 높아진 탓에 만족을 느끼기란 더 어려워진다. 끝없는 악순환이다.

소비는 해소할 수 없는 갈증이다. 그 갈증, 즉 더 많은 소비를 향한 욕구를 만들어내는 것은 바로 우리 자신이기 때문이다. 물론 광고주들 탓도 있지만, 그들은 우리가 창조해낸 욕구를 활성화시킬 뿐이다. 욕구를 통제하는 것은 우리 자신의 몫이다. 우리에게 통제권이 있음을 알게 되면 고리를 끊고, 소용돌이로 끝없이 빠져 들어가는 일을 피할 수 있다.

끝없는 소비의 소용돌이로부터 탈출하려면, 우리가 물건을 사지 않고도 그 자체로 이미 충분하다는 사실을 깨달아야만 한다. 우리는 불완전하게 완벽한 존재들이다. 물건이 우리의 정체성을 규정할 수는 없음을 깨달아야 한다.

물건으로 자신을 정의하는 사람은 결코 행복할 수 없다. 반면 행동으로 자신을 정의하는 사람은 매일 성장하는 데서 충족감을 느낀다. 또 매일 타인에게 기여하는 데서 만족감을 느끼며, 매일의 삶에서 자족감을 얻을 수 있다.

물건은 나를 행복하게 만들지 못한다. 나를 행복하게 하는 것은 '나' 자신뿐이다.

머릿속에 울려 퍼지는 목소리는 좀처럼 잠잠해지지 않는다. 상사가 금요일까지 보고서를 올리라고 지시하는 목소리, 토요일에 있는 축구 경기를 잊지 말라고 당부하는 아들의 목소리, 차를 정비소에 맡겨야 하니 도와달라는 부모님의 목소리.

사람들은 대부분 매일 해야만 하는 일이 있다. 할 일이 너무 많아 머릿속이 복잡해질 때도 있다. 심지어 어떤 사람들은 몇 년 전에 겪은 일 때문에 아직도 골치가 아프다.

이렇게 정신이 산만해질 때 어떻게 하는가? 나는 평생 산만한 정신을 다잡으려고 노력했다. 내게 정신산만증이나 뭐 그런 병이 있다고 생각했다. 내 머릿속에서는 늘 무슨 일이 벌어지고 있었다. 정신을 불안하고 산만하게 만드는 생각은 새로운 것일 때도 있지만, 살금살금 다가와 현재의 나를 덮치는 과거의 문제일 때도 있었다. 날마다 정도의 차이는 있었지만 그런 증상이 늘 나를 따라다녔다.

그러다가 내 인생에서 몇 가지 영역을 손보고 나자 산만한 정신을 가다듬을 수 있었다.

건강

몸과 마음은 따로 떨어져 있지 않다. 뇌는 연약한 기관이므로 신경 써서 관리해야 한다. 신체적으로 허약한 사람은 정신적으로도 허약하기 쉽다. 더 자세한 정보를 얻고 싶다면 다니엘 에이멘Daniel G. Amen의 《그것은 뇌다》를 읽어보길 권한다. 이 책에는 인간의 뇌와 신체 사이의 관계에 대한 자세한 설명이 실려 있다.

나의 경우에는 배가 고프거나, 한 주 넘게 운동을 쉬었거나, 건강에 해로운 음식을 먹었거나, 잠이 부족할 때 더욱 불안을 느낀다. 하지만 식이조절과 운동, 그리고 적절한 수면을 통해 신체의 건강에 집중하고 나자 정신의 산만함 역시 깨끗이 사라졌다.

건강관리는 모든 일에서 가장 중요한 첫 단계이다.

상황

과거의 나와 비슷한 사람이라면 아마 상황을 바꾸는 것은 불가능하다고 생각하고 있을 것이다. 그런 자세로 살아간다면 상황을 결코 바꿀 수 없다. 하지만 산만한 정신에 진저리가 난 나는 상황을 바꾸지 않을 도리가 없었다. 내 정신을 더욱 산만하게 만드는 상황으로부터 나를 떼어놓아야만 했다. 그래서 몇몇 사람들과 어울리는 일을 그만두었다. 소비 습관을 바꾸고, 물건을 줄였다. 나로부터 시작한 변화지만 결국에는 상황이 변했다.

시간이 지나면 모든 것은 변한다. 하지만 시간의 손에 맡기기보다는 나 스스로가 변화를 주기로 결심했다. 어떤 변화는 힘들었지만 세상이 뒤집어질 정도는 아니었다. 내게 나쁜 습관을 부추기는 몇몇 친구들과 어울리는 일을 그만뒀지만 종말이 오지는 않았다. 2011년 9월에 해고를 당했지만 나는 죽지 않았다. 내가 인생에서 하거나 하지 않을 일에 대한 가족들의 기대를 바꿨지만 가족들은 여전히 날 응원해준다.

내가 놓인 상황은 몇 달 전과 지금만 비교해도 완전히 달라졌고 나는 지금이 훨씬 더 행복하다. 오해하지 마라. 모든 사람이 직업을 그만둬야 한다거나 특이한 행동을 취해야 한다는 뜻이 아니다. 그리고 우리가 가진 문제는 사실 생각만큼 심각하지 않다는 사실을 이해해야 한다.

다른 사람에게 휘둘리지 마라. 상황을 통제하는 건 바로 나 자신이다. 나를 통제하는 사람은 나다.

과거의 문제

내가 안고 있는 최대의 문제 중 하나는 귀신처럼 달라붙는 과거의 기억이었다. 나는 실수를 저질렀었다. 큰 실수. 사람들을 실망시켰었고, 별 것 아닌 어리석은 결정을 내렸었다. 하지만 나는 나 자신을 필요 이상으로 엄하게 몰아세웠고, 실수나 잘못된 결정에 과민하게 반응했다. 때로는 잠들기 전에 하루에 있었던 일 전체를, 대화 하나하나까지 머릿속에서 재생하며 실수한 점은 없는지, 개선하기 위한 방법은 무엇인지 찾기도 했다.

이제 나는 과거의 일로 불안한 마음이 들 때마다 이렇게 자문한다. '그 일이 지금이랑 관련이 있나? 그 일이 그렇게 심각한 일이었나? 내가 너무 부풀려 생각하고 있는 걸까? 그 상황은 내 통제 아래 있었나? 그 사람이 했던 말은 실제로 타당했나? 그 사람들은 두렵거나 화가 나서 그런 행동을 했던 걸까?'

스스로를 너무 몰아붙이지 않기 위해서는 중요한 문제와 그렇지 않은 문제를 구분할 필요가 있었고, 위의 질문은 도움이 되었다. 문제가 나의 통제 아래에서 일어났는지 아닌지도 알아야 했다. 나의 통제 밖에 있는 문제라면 그 사실을 받아들이고 내가 통제할 수 있는 일, 내가 바꿀 수 있는 일에 집중해야 했기 때문이다.

원인은 무엇인가?

나는 원인을 파악하기 위해 책상 앞에 앉아 종이를 한 장 꺼내 세로로 긴 줄을 그었다. 그리고 한쪽에는 '기분 좋았던 날', 반대쪽에는 '기분 나빴던 날'이라고 썼다. 각각의 경우 하루 종일 먹었던 음식, 만났던 사람, 갔던 장소 등을 떠올려 보았다. 모든 일을 기억할 수는 없었지만 식생활과 인간관계의 문제에서 해결의 실마리가 보이기 시작했다.

그리고 나는 내 마음 상태를 개선하는 데 필요한 도움을 구했다. 누구나 산만한 정신을 가라앉히려면 적절한 도움이 필요하다. 앞서 말한 에이멘 박사의 책으로 시작해도 좋다. 우리가 쓴 다른 책에서는 내가 식생활과 인간관계 면에서 어떤 나쁜 습관을 좋은 습관으로 대체했는지 자세하게 기록해 두었다. 상담 전문가와 몇 차례 상담을 통해 몇몇 문제에 대한 선입견을 없애는 데 도움을 받기도 했다. 문제를 해결하려면 올바른 도움을 받아야 한다고 생각했다. 사람에 따라 필요한 도움은 다르겠지만, 혼자 힘으로 모든 것을 해결할 수 있다고 생각하지는 말길 바란다.

회사를 그만둔다는 것

　우리에게 회사는 어떻게 그만두어야 하느냐고 묻는 사람이 많다. 마치 우리에게 허락을 구하는 것처럼 느껴질 때도 있다. 우리의 허락은 필요 없다. 회사를 그만두는 일은 놀랄 만큼 쉽다. 상사의 사무실로 걸어 들어가 이렇게 말하면 끝이다. "엿먹어라, 나는 나간다!"

　보라, 이렇게 쉽다. 회사를 그만둔 '다음' 일이 어려울 뿐이다. 먼저 단순한 걱정거리들이 표면으로 떠오른다. '돈을 어떻게 벌지? 공과금은 어떻게 내지? 의료보험은 어떻게 하지? 실패하면 어떡하지? 나만 바라보는 우리 가족은 어떻게 하지?'

　그 다음에는 더 어려운 문제들이 고개를 내밀기 시작한다.

'새로 얻은 자유 시간을 어떻게 쓰지? 어떻게 하면 더 의미 있는 삶을 살 수 있지? 완전히 혼자라는 느낌에 어떻게 대처해야 하지? 효과가 오래 가지 않으면 어떡하지? 이제 나는 사람들에게 뭘 하는 사람이라고 소개해야 하지? 나는 홀로 죽음을 맞게 될까?'

가장 중요한 문제 몇 가지에 대해서는 일을 그만두기 전에 고민해야 한다. '나는 나를 속이며 살고 있나? 나는 왜 일을 그만두고 싶어 할까? 나는 어떤 일에 열정적이지? 내 인생의 사명은 뭐지? 열정과 사명을 이루기에 더 나은 직장을 찾아야 할까? 이상적인 직장은 어떤 곳일까? 내 사업을 시작해야 할까? 신시내티 벵골스(NFL 미식축구팀 이름)는 슈퍼볼에 진출할 수 있을까?'

마지막 질문은 빼고, 위의 질문들은 일을 그만두고 싶은 근본적인 이유를 파악하는 데 더 효과적이고 더 의미 있다. 바로 현재의 상황이 만족스럽지 않다는 사실을 여실히 보여준다.

───── 나는 언제나 괜찮을 것이다

나는 언제나 괜찮을 것이다. 나는 언제나 성공할 것이다. 나는 언제나 행복할 것이다.

'나는 ~할 것이다.' 이 말에 대해 잠시 생각해보라. 삶의 비밀은 가장 단순한 말 속에 숨어 있다. 그러나 많은 사람들은 여기에 숨겨진 메시지를 간과하곤 한다. 이 글을 읽는 몇몇은 실없고 진부하며 상투적인 이야기라며 무시할 것이다.

반면에 이 말의 뜻과 내가 전달하려는 바를 이해한다면, 삶에서 유리한 위치를 차지하게 될 것이다. 솔직히 누구나 삶을 스스로 통제하고 싶어 하지 않는가?

눈에 보이지 않는 압박에서 벗어나는 법 ─────

오늘날만큼 사람들이 스트레스에 시달린 적은 없었다. 우리는 과거 어느 시기와 비교하더라도 더 심한 압박을 견디며 살고 있다.

텔레비전을 켜면 이쑤시개처럼 마른 모델과 바위처럼 단단한 '가장 섹시한 남자'들이 화면을 채운다. '사람은 모름지기 이렇게 생겨야 하는 거야.'

라디오를 틀면 허머를 모는 래퍼와 사치스러운 팝 스타의 자기중심적 탐닉이 무책임한 삶에 대한 동경을 부추긴다. '사람은 모름지기 이렇게 돈을 써야 하는 거야.'

직장에서는 동료가 이 사람 저 사람에 대한 험담 끝에(제발 아니기를!) 내 이야기를 하는 걸 듣는다. '사람은 모름지기 이렇게 행동해야 하는 거야. 남보다 높이 올라가려면, 남들을 헐뜯어야 하지.'

압박은 도처에 널려 있다. 그렇지 않은가? 사실 우리가 받는 압력의 거의 대부분은 완전히 우리 내부에서 나온다. 물론 외부적 요인의 영향을 받기도 하지만, 미끼를 문 것은 우리이기 때문이다.

그러니까 압박은 우리가 받아들일 때에만 존재한다. 물론 사람들은 나를 평가하겠지만 내 삶의 작은 부분까지 정말로 신경 쓰는 사람은 없다. 44사이즈 드레스가 맞는지, 좋은 차를 모는지, 시내에서 가장 높은 빌딩에 출근하는지 아무도 관심 없다. 이 사실을 깨닫고 나면 눈에 보이지 않는 압박에서 벗어날 준비가 된 것이다. '나는 그 자체로 완벽하다.' 이렇게 믿어라.

그딴 것들은 나를 감동시키지 못해 ─────

'관심을 갈구하는' 문화는 점점 흉물스러운 모습으로 변해
간다. 무의미하고 유치한 자아도취가 전염병처럼 우리를 포위
하고 있다. 둘러보라, 온 세계가 감동을 주지 못해 안달이다.

사실 우리는 남들을 감동시킬 필요는 없지만, 그래도 열심
히 시도한다. 이상한 짓을 해가며 남들의 관심, 더 나아가 인정
을 받으려고 쉴 새 없이 노력한다. '와, 너 렉서스를 새로 뽑았
구나? 이번에 승진해서 억대 연봉을 받는다고?'

그게 뭐 대수인가! 다 가졌던 두 남자가 하는 말이니 믿어
라. 우리는 '우리가 원했던 모든 것'을 가진 후에, 우리가 원했
던 모든 것은 사실 우리가 전혀 원하지 않았던 것임을 깨달았

다. 공허하고, 의미 없고, 실망스러웠다.

소유한 물건, 사회적 지위, 흔히 말하는 성취도 다른 사람을 감동시키지 못한다. 단연코 그런 일은 없다. 사람들을 감동시키는 것은 물건이 아니라 '나' 그 자체이다. 사람들은 변화를 위한 노력, 성장할 수 있는 힘, 타인과 사회를 위해 기여하고자 하는 욕망에 감동한다. 그 밖의 모든 것들은 사회적으로 만들어진 허상이다.

물건을 소유하거나, 목표를 성취하거나, 돈을 버는 일 자체는 아무런 문제가 없다. 다만 그런 것들로 남을 감동시킬 수 있다고 생각해선 안 된다. 불가능하다. 적어도 의미 있는 방법은 아니다.

눈을 부릅뜨고 깨어 있기 ——————

내가 눈을 부릅뜨고 팔을 흔들며 난간 아래로 떨어지지 않게 해줘
내가 깊은 물속에 빠지지 않게, 빠지지 않게 해줘.
– 슬로 러너Slow Runner(미국의 밴드), '깊은 물Deep End' 중에서

사람들은 지구가 천천히 돈다고 믿는다. 지구는 늘 그 자리
에 있고, 우리는 지구의 일부로서 회전의 중심에 서 있다. 하지
만 지구는 사실 천천히 돌지 않는다. 지구는 시간당 1600킬로
미터가 넘는 속도로 돈다.

이 사실은 우리가 일단 한 발 물러서서, 주의를 기울이며,
우리를 둘러싼 환경을 의식하기 시작했을 때 쉽게 이해가 되
었다.

소비지상주의도 마찬가지이다. 어디로 고개를 돌리건 늘 그
곳에 있고, 그 자멸적인 본질을 막을 방법은 없어 보인다. 하지
만 우리는 우리를 둘러싼 대량소비와 탐욕의 문화를 보고 그

것이 정상이라고 믿을 필요는 없다. 그렇지 않기 때문이다.

과거는 지금처럼 혼란스럽고 무의미하지 않았다. 미래 역시도 그럴 필요가 없다. 해는 곧 떠오를 테지만, 우리가 그 모습을 보려면 우선 눈을 뜨고 중요한 것을 더욱 의식하며, 우리가 깊은 물속에 빠져 있음을 깨달아야 한다.

통제마저 놓아버리기 ────────

　삶의 모든 측면을 통제할 힘이 우리에게 있는 것처럼 생각하기 쉽다. 사회적인 통념과 지속적인 광고 덕분에 다음과 같은 메시지는 힘을 얻는다. '삶의 주인공은 너야, 네 삶은 네가 만드는 거야, 네 마음대로 해.' 이렇게 '우리'는 자기만의 작디작은 세상을 통치하는 왕으로 세워진다.

　하지만 우리에게 일상적으로 일어나는 일들 중 다수는 전적으로 우리의 통제범위 밖에 있다. 우리는 저쪽에서 다가오던 대형 트럭이 왼쪽으로 방향을 꺾어 우리가 탄 차와 정면충돌하리라는 사실을 알 수 없다. 점심시간에 현금을 뽑으려고 들른 은행에서 미치광이 은행 강도를 마주치게 되리라는 사실도 예측할 수 없다. 지독한 폭풍우로 집 앞 도로 전체가 물에 잠기게 된다는 사실도 예상할 수 없다. 아무리 열심히 계획을 세우더라도 예측하지 못한 일은 발생한다.

이런 일이 있었다. 2012년 여름, 우리는 웹사이트를 통해 라이언의 개인 멘토링을 시작한다고 발표한 첫째 날에 어마어마한 호응을 얻었다. 모든 것은 순조롭게 흘러가고 있었다. 라이언의 멘토링 일정표는 거의 두 달 후까지 꽉 찼다. 그런데 갑자기 웹사이트에 문제가 생겨 모든 파일에 오류가 났고, 복구하려면 이틀이 필요했다. 그 사이 우리 웹사이트는 접속이 차단되었다. 하루 방문자 수가 5000명을 넘고 있었는데 웹사이트 폐쇄는 피할 수 없는 상황이었다. 우리는 불타는 로마를 바라보면서 소화기를 찾아 허둥댔다. 문제는 그야말로 우리 통제를 벗어나 있었다.

그 전에는 웹사이트에 큰 문제가 일어난 적이 없었으므로 우리는 어떻게 해야 할지 몰랐다. 확실히 우리에게는 두 가지 선택지가 있었다. 첫째, 공황상태에 빠진다. 둘째, 호스팅 업체에 문제 해결을 맡긴다. 공황을 선택한다면 사이트의 문제는 그대로겠지만, 적어도 우리 통제 아래 있는 것 아닌가? 결국 공황에 빠지는 것은 무질서한 상황에서 질서를 되찾는 이상한 방법이다. 이런 식의 통제는 효과가 없을 뿐만 아니라 비생산적이며, 정신건강마저 해친다. 하지만 호스팅 업체에 문제 해결을 맡긴다면, 우리의 통제를 포기하고 다른 누군가가 일을 잘 처리해줄 것이라는 믿음을 가져야 한다. 물론 발가벗겨진 채 다른 사람이 마른 옷을 가져다주길 기다리고 있는 느낌이 들 수도 있다.

간단히 말하면 우리는 적어도 모든 것을 통제할 수는 없다. 우리가 통제하는 것은 가능성이다. 가장 이상적인 상황 안에 있을수록 일이 잘 해결될 가능성은 높아진다. 그 밖의 모든 것은 마음을 비우고 누군가에게 맡길 필요가 있다. 통제를 포기하는 일은 아마도 통제를 회복하는 가장 좋은 방법일 것이다.

──── 일 년이면 충분하다

일 년 동안 바뀐 것들

우리는 이 책을 쓰기 일 년 전에 웹사이트 '더 미니멀리스트'를 시작했다. 그 이후로 우리 인생은 거의 모든 것이 변했다.

일 년 전에는 우리 둘 다 대기업에서 일했다. 지금 우리는 매일 스스로 일하고 열정을 추구하며 산다.

일 년 전에는 인생이 행복하지 않았다. 지금은 인생에 만족하고 성취감을 느낀다.

일 년 전에는 웹사이트를 만드는 방법은커녕 HTML의 철자도 몰랐다. 지금은 웹사이트 '더 미니멀리스트'에 조슈아의 소설을 소개하는 사이트까지 운영한다.

일 년 전에는 우리가 쓴 글을 읽는 사람이 한 명도 없었다(시시한 업무용 이메일을 제외하면). 지금은 매달 10만 명 이상이 우리의 글을 읽고, 올해만 151개 국가에서 50만 명 이상이 우리의 에세이집을 읽었다.

일 년 전에는 우리 사이트 소식을 구독하는 사람이 없었다. 지금은 1만 명 이상이 이메일을 통해 구독한다.

일 년 전에는 우리를 트위터나 페이스북에서 팔로우하고 싶어 하는 사람이 없었다. 지금은 1만 5천 명 이상이 우리와 연결되어 있다.

일 년 전에는 리오 바바우타, 콜린 라이트, 조슈아 베커, 줄리엔 스미스 등 작가들에게 깊은 감명을 받았다. 물론 지금도 그렇다. 일 년 후에 우리는 이들을 만났고, 그들의 웹사이트에 소개되었으며, 그들을 포함하여 인생을 의미 있는 방식으로 만들어나가는 데 도움을 준 또 다른 십여 명의 사람들과 좋은 관계를 맺었다.

일 년 전에는 출판한 책이 없었다. 지금은 에세이 모음집 하나, 조슈아의 단편 모음집 하나, 우리의 첫 장편 논픽션 하나, 총 세 권이 출판되었다.

일 년 전에는 엑셀 시트를 가득 채우는 목표가 있었고, 그 목표를 성취하지 못하면 자학했다. 지금 라이언은 한 번에 한 가지 목표만 추구하고, 조슈아는 아무 목표도 없다.

일 년 전에는 모든 것을 완벽하게 하려고 애썼다. 지금은 불완전함을 받아들이며 살아간다.

일 년 전에는 오하이오 주 데이턴에 처박혀 있었다. 지금은 전국을 여행하며 33개 도시에서 모임를 갖고, 멋진 사람들을 만나며, 사람들과 수천 번의 포옹을 나누고 있다.

일 년 전에는 삶에 불만이 매우 많았다. 지금은 행복하다. 그리고 지난 삶을 돌이켜 생각해보면 모든 것이 달라졌다.

목표에 얽매이지 않기

우리의 '성취'를 보여주고 여러분을 감동시킬 생각은 없다. 대신 일 년이 갖는 힘에 감동을 받았으면 한다. 우리는 종종 짧은 시간 안에 우리가 해낼 수 있는 일을 과대평가하지만(예를 들면 2주 안에 복근 만들기), 1~2년 안에 해낼 수 있는 일은 지나치게 과소평가한다.

앞서 언급한 우리의 '성취'는 연초에 계획한 목표가 아니었다. 그저 타인의 삶에 가치를 더하기 위해 열심히 노력하는 과정에서 유기적으로 발생했을 뿐이다. 결국 우리는 타인의 삶을 가치 있게 할 때, 다른 모든 것들도 자리를 잡는다는 사실을 발견했다.

인생의 거대한 변화는 하룻밤 사이에 이루어지지 않는다. 스스로에게 시간을 주고, 지속적으로 많은 노력을 기울여보라. 일 년 안에 일어날 수 있는 일이 얼마나 많은지 깜짝 놀라게 될 것이다.

3장

진정한 인간관계를
만든다는 것

minimalist

친구와 가족이 변화를 받아들이게 하기

변화는 쉽지 않다. 우리가 변화를 싫어하는 이유는 대개 우리 자신이 방해물이기 때문이다. 그 밖의 경우 우리가 변화를 싫어하는 이유는 남들이 우리를 어떻게 생각할지 두렵고, 남들이 우리에 대해 어떻게 말할지 두렵고, 남들이 우리를 다르게 대할까 두려워서이다. 결국 우리는 타인의 시선과 거절을 두려워하는 것이다.

우리는 미니멀리즘을 삶에 적용하는 과정에서 많은 친구와 가족이 우리가 원하는 변화를 지지한다는 사실을 깨달았다. 물론 많은 사람들이 중립적인 방관자로서 우리가 추구하는 삶의 단순화 작업에 양면적인 평가를 내렸다.

몇몇 가까운 사람들은 우리의 선택과 변화가 그들의 삶의 방식에 대해서도 의문을 제기하는 일이라고 여겼고, 우리의 여정이 '자기들의' 삶의 방식을 직접 공격한다고 오해하면서 우리의 새로운 계획을 반대했다. 물론 그것은 우리의 의도가 아니었다. 우리가 선택한 새로운 여정과 변화는 우리 자신의 삶에 대한 문제 제기일 뿐 그들의 삶에 대한 것이 아니었다. 우리는 단지 행복을 찾고, 삶의 심오한 의미를 찾기 위한 수단으로 미니멀리즘을 활용하고 있었을 뿐이다.

하지만 몇몇 사람들은 여전히 우리가 시도하는 변화는 어리석고 바보 같으며 심지어 미쳤다고 생각했다. 어쨌든 우리가 십여 년 동안 그 멋진 물건들을 사 모으고 높은 지위에 오르고 꿈을 이루기 위해 열심히 일했던 이유도 행복해지고 싶었기 때문이다. 그렇지 않은가?

우리가 추구하던 소비지상주의적이고 쾌락추구적인 삶이 행복하지 않았다면 분명 '우리'에게 문제가 있다는 뜻이다. 반대자들은 하다못해 이렇게 말했다. "조슈아와 라이언이 미친 것 같아. 아마도 중년의 위기를 미리 겪고 있는지도 몰라. 어쩌면 사이비 종교에 빠졌는지도 모르지." 심지어 미니멀리즘을 존스타운(남아메리카 가이아나의 마을로, 1978년 이곳에 본거지를 둔 인민사원 신도 900여 명이 집단 자살하는 사건이 있었다)이나 다윗파(이단으로 분류된 기독교 분파로, 1993년 텍사스 웨이코에서 FBI 등과 대치 끝에 집단 사망하는 사건이 벌어졌다)에 비유하며 우리가 사이비 종교에 빠졌다고 고발한 사람도 있었다.

우리는 반대자들에게 몇 가지를 설명해야만 했다.

네 문제가 아니라 내 문제야

이 말은 천 번쯤 패러디되었을 것이다. 하지만 여기엔 숨어 있는 심오한 진리가 하나 있다. 우리는 다른 누군가가 아닌 우리 자신의 삶의 방식에 의문을 제기하고 있었다. 자신의 상황에 만족하지 못하는 사람은 많았고, 그들은 우리처럼 되길 원했다. 우리는 그들이 따라하고 싶은 삶의 방식을 누리고 있었기 때문이다.

우리는 물질적 부, 연봉, 명예, 표면적인 권력을 누리고 있었고, 회사에서 고속 승진하고 있었다. 하지만 우리는 주위를 둘러보고 우리 위에 있는 사람들, 그러니까 승진 사다리의 몇 계단 위에 서 있는 사람들 대부분도 행복하지 않다는 사실을 깨달았다. 사실 그들은 전혀 행복하지 않았던 우리보다도 훨씬 더 불행했다. 우리가 어떻게 해야 했을까? 여전히 미친 듯이 일하고 불행한 상태가 계속되길 바라야 했을까? 미니멀리즘 반대자들에게는 지금 삶이 긍정적인 방향으로 변화하고 있어서 비로소 행복하다고 말해주면 된다. 우리가 해온 일을 이야기해주고 다음과 같은 질문을 던진다면 더욱 좋다. "너도 내가 행복하길 바라잖아, 그렇지?"

상황은 계속 변해

만약 우리가 1999년으로 시간여행을 떠나서 18살의 우리에게 향후 십 년간 '성취해낼' 예정인 모든 것을 알려줄 수 있다면, 십대인 우리는 어깨가 으쓱거릴 것이다. '그러니까 내가 이거랑, 저거랑, 이걸 다 갖게 된다는 거지? 그러니까 내가 이걸 살만큼 돈을 많이 벌 거란 거지?' 하지만 행복은 곧 사라지고, 28살(또는 28살 전후로)이 되었을 때 불만족이 삶을 뒤덮을 것이다. 상황은 변하기 때문이다. 그러므로 '우리' 역시 변해야만 한다. 행복해지고 싶다면 계속 발전하고 성장해야 한다. 오늘 인생에 가치 있는 것이 내일은 그렇지 않을 수도 있으니까.

너도 변할 수 있어

미니멀리즘이 모두에게 답이 될 수는 없을지도 모른다. 하지만 지금 행복하지 않다면, 변화를 위한 근육을 조금씩 키우다가 시간이 흘러 마침내 상황을 변화시킬 수도 있다. 행복에 이르는 길은 무수히 많다. 미니멀리즘은 그저 우리가 그 길에서 헤매지 않게 해주었고, 그 덕분에 우리는 행복을 빠르게 찾을 수 있었다.

그래서 얻는 게 뭐야?

우리가 미니멀리즘 여정을 꽤 멀리까지 떠났을 때, 많은 반대자들이 우리의 여정에 뛰어들었다. 우리가 요청해서가 아니라(우리는 누구에게도 미니멀리즘을 받아들이라고 강요한 적이 없다) 우리가 누리는 행복을 그들이 목격했기 때문이었다. 그들은 우리가 성인이 된 이래 처음 진심으로 흥분하고 즐거워하는 모습을 보았고, 우리는 우리의 그런 감정에 만족하고 있었다. 그들은 아마도 우리가 예전에는 알아내지 '못했던' 것들을 보았으며, 어쩌면 우리도 아직 모든 해답을 구하지는 못했을 테지만 분명 옳은 길로 나아가고 있는 것 같다. 행동만으로는 설득할 수 없었지만, 어떤 이점이 있는지 보고 나자 사람들은 우리가 추구하는 변화를 더욱 잘 이해하게 되었다.

굿바이!

하지만 우리는 몇몇 관계를 끊어내야만 했다. 쉽지는 않았지만 어떤 친구와 가족은 우리 인생의 가치를 깎아내렸다. 그들은 부정적인 기운을 내뿜고 우리의 성장을 방해했다. 이 방법은 최후의 수단이지만, 명심해야 할 점은 우리가 성장함에 따라 관계 역시 변할 수 있다는 것이다. 오늘도 많은 옛 친구들과의 관계는 여전히 지속되고 있지만(물론 그렇지 않은 사람도 있다) 우리는 우리의 지속적인 성장을 독려해주며 힘이 되는 관계 역시 새롭게 만들어 나가는 중이다.

우리가 시도 때도 없이 누군가의 관심의 대상이 될 수는 없다. 모든 사람에게는 하루에 24시간이 주어지지만, 자기 일에 골몰하다 보면 타인의 시간을 종종 무시할 때가 있다. 사람들은 자기 시간은 소중하게 생각하면서 끊임없이 타인의 관심을 받고 싶어 한다.

다른 사람의 관심을 받고 싶다면 먼저 우리 몫의 일을 해야 한다.

1 간단명료하게 말하라. 간결함은 재치의 생명이다. 아니, 어쩌면 간결함이 곧 재치이다. 따라서 불필요한 정보나 세부 사

항을 끼워 넣을 필요가 없다. 대화할 때에도 미니멀리즘을 활용할 수 있다. 중요한 정보는 빠뜨리지 말되(모호하게 말해선 안된다) 균형을 유지해야 한다. 중요한 정보는 어지럽게 흩어져 있는 불필요한 정보들 뒤에 숨어 있다.

2   요점을 확실히 하라. 그 사람의 관심을 얻고자 하는 이유가 무엇인가? 즐겁게 해주려고? 정보를 주려고? 부탁할 것이 있어서? 가능한 한 구체적으로 말하라.

3   가치 있는 말을 하라. 가장 중요한 부분이다. 가치 있는 말을 하고 있지 않다면 타인의 소중한 시간을 빼앗고 있는 것뿐이다. 스스로에게 물어보라. '이건 가치 있는 말인가?'

인간관계는 의미 있는 삶에서 가장 중요한 요소이다. 친한 친구와의 대화는 의미가 충만한 경험이 될 수 있다. 그럼에도 우리는 이러한 대화를 중요하게 여기지 않을 때가 많으며, 주위의 소중한 사람들에게 충분한 관심을 기울이지 않는다.

필수품만 남기기 위해 불필요한 물건을 없애는 데 미니멀리즘을 활용하듯이, 반드시 필요하고 의미 있는 대화만을 남기기 위해 불필요한 대화를 줄여야 한다.

__1__ 중요한 말을 하라. 당신이 하는 말이 대화를 가치 있게 만들 수 있다. 중요한 것은 지금 '무엇을' 말하고 있는지 정확히

아는 것이고, 더 중요한 것은 지금 그 말을 '왜' 하고 있는지 아는 것이다.

2 어휘력을 키워라. 어휘력이 풍부하면 보다 정확히 말할 수 있고, 정확한 어휘 선택은 짧은 시간 안에 의미하는 바를 명확히 전달할 수 있도록 도와준다.

3 간결하게 말하라. 간결함은 곧 힘이다.

4 불필요한 대화를 피하라. 매일같이 불필요한 대화를 많이 나눠야 할 경우 말은 난잡해진다. 이러한 대화 중 대부분은 피하거나 크게 줄일 수 있다. 어제 피하거나 짧게 끝낼 수 있었던 대화를 하나 이상 떠올릴 수 있는가? 어떻게 하면 그 대화를 피할 수 있었겠는가?

5 사랑하는 사람들과 더 많은 대화를 나눠라. 인생에서 정말 소중한 사람들(친구, 가족, 연인 등)과는 양질의 대화를 나눠야 마땅하다. 앞서 말한 불필요한 대화를 없앰으로써 사랑하는 사람들과 대화할 시간을 더 많이 갖고 더욱 돈독한 관계를 맺

을 수 있다.

6　말을 줄이고 많이 들어라. 진부하게 들리겠지만 심오한 진실은 대부분 '진부한 말' 속에 존재한다. 이 말에도 마침 심오한 진실이 담겨 있다. 진정한 듣기(순수하게 주의를 집중한 듣기)는 쉽지 않으며 자연히 얻어지는 능력도 아니다. 그러므로 대화를 나눌 때에는 잘 듣기 위해 노력해야 한다.

7　묻고 나서 들어라. 성실하게 듣기 위한 가장 쉬운 방법은 질문한 후에 듣는 것이다. 흥미로운 질문을 던진 후에 상대방이 방해받지 않고 대답을 이어나갈 수 있도록 함으로써 듣기 과정에 능동적으로 참여할 수 있다. 듣는 것은 소극적인 행위가 아니라 적극적인 행위이다.

이웃 사람들이 뭘 하는지 아세요?

이웃 사람들과 알고 지내는가? 그러니까 이웃 사람들을 정말로 '잘 알고' 지내는가?

나는 약 80세대가 입주해 있는 콘도 단지에 살고 있는데, 최근까지도 몇몇 사람의 이름과 얼굴을 제외하고는 아무도 몰랐다. 나는 이웃과의 관계를 최근까지 중요하게 생각하지 않았다.

내가 살고 있는 이 집은 처음 이사왔을 때만 해도 유지 보수가 필요 없는 최상의 상태였다. 나는 바쁜 일상 속에서 매주 집을 보수하거나, 집을 가진 사람들이 정기적으로 해야 하는 자질구레한 일들을 하는 데 시간을 보낼 필요가 없다는 생각에 기뻤다.

그렇게 생각했지만…… 이사 온 지 몇 달이 지나자 나는 콘도 회사에 문제가 많다는 사실을 발견했다. 회사는 잔디를 마구잡이로 자르고 자질구레한 일들(예를 들면 지붕 누수나 외벽 수리 등)을 처리하는 일 외에는 거의 아무 일도 하지 않았다. 경제 불황기인지라 회사에 자산의 가치를 높일 여력이 없었다.

　한 번은 몇몇 관리위원회 사람들이 다른 위원을 탄핵하는 데 동참해 달라고 요청해왔다. 새로운 위원회 선거에서 편을 들고 지지해 달라는 것이었다. 나는 이웃에 아는 사람이 없었던지라 어느 편에 설지 선택하기가 힘들었고, 누가 옳고 그른지 알아내기도 어려웠다. 모든 사람이(나를 포함하여) 적대적으로 구는 것처럼 느껴졌다.

　콘도 곳곳으로 퍼져나가는 부정적인 기운 때문에 나는 이사 온 지 일 년 만에 그곳을 떠나고 싶어졌다. 더욱이 미니멀리즘 생활 방식을 받아들인 이후로 그곳이 나 혼자 쓰기엔 지나치게 거대하다는 사실을 깨닫곤 더욱 벗어나고 싶었다.

　문제를 해결할 가장 쉬운 방법은 콘도 회사와 관련된 문제들에 관심을 끊고 콘도를 내놓는 것이었다. 그리고 그렇게 했지만 사겠다는 사람이 없었다. 나는 한동안 불만에 가득 차서 이런 분쟁을 일으키고 예산을 제대로 관리하지 못한 위원회를 원망했다. 그건 '그들의 잘못'이지 내 잘못이 아니었다. 나는 그렇게 '내가 왜?'를 외치며 불만을 더욱 쌓아갔다.

그러던 중 한 이웃(위원회 소속)으로부터 공동체에 기여하고 보수 작업에 자원해 달라는 요청 메일을 받았다. 콘도를 정돈하고 사기를 북돋자는 취지였다. 이메일을 읽고 처음 든 생각은 '내가 직접 보수 작업을 해야 한다면 콘도 사용료는 왜 내지?'였다. 그리고 나의 이런 부정적인 태도가 위원회를 향한 것이며 '내가 왜?' 식의 태도는 상황을 악화시킬 뿐이라는 사실을 깨달았다. 나는 문제 해결을 돕고 있지 못했다. 오히려 내가 문제의 일부였다. 그래서 나는 내가 하고 싶은 일에 정확히 반대되는 일을 했다. 이메일에 '네, 제가 도울게요'라고 답장을 보낸 것이다.

봉사일이 다가왔을 때 도움을 주러 모인 사람은 80여 명 중에 나를 포함하여 여섯 명 뿐이었다. 하지만 그렇다고 의기소침해지지 않기로 했다. 불만에 불만을 더하는 일에는 이제 신물이 났기 때문이다. 나는 허리가 휘도록 일했고 그날 해야 할 일을 모두 끝낼 수 있었다.

일하면서 나는 이웃 사람 다섯 명과 안면을 텄고 그들 역시 나와 마찬가지로 불만스러웠음을 알게 되었다. 나는 그날의 공동체 봉사를 계획한 위원회 사람과도 좋은 관계를 맺었다. 나는 그가 만들고자 하는 변화를 긍정적으로 생각하게 되었다. 위원회가 회사를 몰아내기까지는 5년 넘게 걸렸고, 그와 대화를 나눈 후에 손실을 회복하려면 2년은 더 걸릴 것이라는 사실을 깨달았다.

나는 그날 이웃 사람들을 실제로 알게 되기까지 솔직히 모든 사람은 자기 이익만을 위해 행동한다고 생각했지만(물론 몇 명은 실제로 그랬을 수도 있다), 그들은 나처럼 공동체를 위해 기여하고 싶어 했다. 그날 하루를 함께 한 후에 우리는 훨씬 가까워졌다고 느꼈다. 그리고 우리가 느낀 친밀감은 공동체 전체를 이롭게 하는 유대감을 형성해주었다.

해고는 최악의 사건이 아니다 —————————

잊지 못할 하루

나는 조명이 쨍한 회의실에 앉아 테이블 너머로 생일 선물을 건넸다. 그 날은 2011년 9월 29일, 내 상사의 생일이었다. 그리고 '내' 30번째 생일이 채 한 달도 남지 않은 날이었다. 그리고 내가 직업을 잃은 날이기도 했다.

내 상사와 상사의 상사와 인사팀 여직원 한 명이 꼼꼼히 광을 낸 거대한 회의실 탁자 맞은편에 앉아 있었다. 상사는 고개를 흔들었고 얼굴을 잔뜩 찡그렸다. 좋은 소식이 아니란 건 알고 있었지만 이런 생각부터 들었다. '자기 생일에 직원을 내보내야 하다니 그것도 참 고역이겠다.'

"인원 감축 계획에 따라 니커디머스 씨의 자리를 없애는 것으로 결정했습니다." 그들 중 누군가가 말했다. 조슈아가 회사를 떠난 지 일곱 달 만에 나 역시 해고를 당했다. 아무런 예고도, 친절한 경고도, 주의도 없이. 회사를 위해 상상할 수 없을 만큼 열심히 일한 대가로 뒤통수를 맞은 것이다. 7년의 시간과 8개의 직급을 거쳐 '직장인의 꿈'을 이뤘던 나의 삶은 한순간에 끝나버렸다.

"인사팀에서 자세한 내용을 설명하기 전에 추가로 질문하고 싶은 것이 있습니까?"

의미 있는 삶으로 전진하다

아니, 나는 더 묻고 싶은 것이 없었다. 나는 그저 앉은 자리에서 이런 생각을 했다. '이건 내게 일어날 수 있는 최고의 사건이다.'

갑자기 어깨를 짓누르던 어마어마한 중압감이 사라졌다. 나는 축 늘어져서 자기연민이나 하는 종류의 사람이 아니다. 앞으로 나아가야 할 때가 왔음을 깨달았다. 그것은 승진의 사다리로부터 뛰어내리기 위해 내게 필요했던 계기였다.

해고는 내가 열정을 갖는 일에 온 시간을 쏟기 위해 필요한 계기였고, 삶에서 중요한 것들(나의 건강, 인간관계, 개인적 성장, 의미 있는 방식으로 타인에게 기여하는 일)에 시간을 집중하기 위해 필요한 계기였다. 그건 내가 원했던 과감한 변화였다.

고맙게도 2010년과 2011년에 점진적으로 미니멀리즘에 입문한 덕분에 물건을 덜 사고, 돈을 덜 쓰고, 청구서 받을 일을 줄이고, 빚을 대부분 청산하고, 돈을 조금 저축하고, 적은 물건을 가지고 보다 의미 있는 삶을 살 수 있었다. 여전히 줄여야 할 것들은 남아 있다. 콘도를 팔려고 부동산 중개인을 새로 고용했고, 차도 팔려고 내놓은 상태이다. 하지만 아무것도 문제가 되지 않는다. 지금 당장 중요한 사실은 이것뿐이다. 나는 자유롭다는 것!

열정을 좇고 더 많이 기여하기

내가 기억하는 나는 오래 전부터 타인의 삶에 가치를 더하는 일에서 열정을 느꼈다. 가치를 더하는 일은 내가 회사에 있을 때 가장 즐거워했던 일이다. 나는 규모가 큰 팀의 팀장으로 있으면서 다른 사람들을 코치하고 멘토가 되어주는 일이 가장 즐거웠다. 하지만 불행히도 회사에서는 타인의 삶에 '가치를 더하는' 데 시간을 할애하기 어려웠다.

우리 웹사이트와 책이 인기를 얻은 덕분에 나는 내가 사랑하는 일(다른 사람들에게 기여하는 일)을 하면서 다른 회사에 취직할 일을 걱정하지 않아도 될 것이다. 게다가 과거에는 여러 의견에 답하고, 이메일에 답장을 보내고, 독자들과 대화를 나누기 위해 필요한 시간을 충분히 누리지 못했지만, 이제는 모두와 함께 시간을 보낼 수 있을 것이다. 더 많은 시간을 양질의 콘텐츠와 경험에서 우러나온 조언을 제공하는 데 쓸 수 있을 것이다.

인간관계: 친구와 가족

깊이 있는 인간관계를 유지하기란 회사에 들어간 이후로 줄곧 힘든 일이었다. 경력을 쌓고 승진 사다리를 오르는 동안에는 한 주에 70시간을 일했고, 가족과 가까운 친구들을 잊고 살았다. 직업이 관계보다 더 중요하다고 느껴지기 시작했다. 나는 나의 가까운 사람들이 나를 예전만큼 자주 만나지 못해도 이해해줄 거라 믿었다. 몇몇은 이해해 주었지만 기분이 좋지 않았다. 씁쓸한 기분도 들었다. 더는 친구와 가족을 무시하지 않을 것이다.

건강: 식습관과 운동

직장인의 일과는 건강한 식습관을 놓아버리기에 좋은 핑계 거리가 된다('회의를 시작하기 전에 간단히 때워야겠다!'). 운동을 빼먹기에도 좋은 핑계 거리이다('오늘은 너무 바빠서 운동을 못 가겠어!'). 이제 이런 핑계는(순 헛소리이긴 했지만) 사라지고, 나 자신의 식습관과 운동에 책임감을 갖고 집중하면서 보다 건강 한 삶에 전념할 수 있게 되었다.

즐겁고 두렵다

거짓말은 하지 않겠다. 나의 친구인 리오 바바우타의 표현 을 빌리자면 여전히 '즐겁두렵다feel joyfear.' 물론 나를 두렵 게 만드는 것들도 있다. '실패하면 어떡하지? 사람들이 나를 무시하면 어떡하지? 어쩌지, 어쩌지, 어쩌지?' 하지만 대체로 즐겁다.

나는 정말 중요한 것에 주력하는, 목적이 강하게 이끄는 삶 을 살 것이다. 아니, 나는 의미 있는 삶을 살려면 직업을 버려 야 한다고 생각하지 않는다. 하지만 나에게 해고는 인생의 균 형을 되찾기 위해 필요한 계기였다(주당 70시간을 일하고 숨 돌 릴 틈 없이 대기해야 하는 삶에서는 균형을 찾을 수 없었다).

이와 비슷한 상황에 놓이는 사람들은(즉 직업에 확신이 없거나, 열정을 좇아야 할지 확신이 없는 사람 등) 조언을 구하고 싶어질지도 모른다. 글쎄, 내가 모든 답을 갖고 있지는 않다. 하지만 확실히 줄 수 있는 한 가지는 '가능하다면 언제든 가치를 더하겠다'는 자신과의 약속이다.

포옹의 힘과 길에서 얻은 교훈 5가지 ————

선생이 학생으로부터 더 많은 것을 배운다는 오래된 격언은
진실이다. 우리도 2012년에 떠나 33개 도시를 방문했던 정기
모임 여행에서 많은 것을 배웠다. 길에서 얻은 교훈들은 다음
과 같다.

100%를 위한 라이프스타일

우리는 미니멀리즘 운동이 자본주의의 극심한 빈부격차에
경종을 울린 '월가를 점령하라' 시위대는 물론 집을 네 채나 갖
고 있던 은퇴한 CEO에 이르기까지 모두에게 적용 가능하다는
사실을 배웠다. 소득 수준이나 사회적 지위와 관계없이(상위

1%에 속하건 나머지 99%에 속하건 간에) 우리 모두는 해답을 구하고 있다. 미니멀리즘은 삶에서 과도한 것들을 없애고 해답을 구하는 일을 도울 수 있다.

성장

우리는 안전지대를 벗어날 때 성장한다. 쉬운 일은 아니다. 안전지대를 벗어나려면 변화를 수용하고, 두려움과 맞닥뜨리고, 의심을 억누르고, 심리적 위축에 맞서고, 불확실성을 받아들여야 한다. 하지만 그렇게 함으로써, 그리고 오직 그 과정들을 거쳐야만 성장할 수 있다. 성장한 사람에게는 타인을 위해 베풀 것도 훨씬 많아진다.

짐 싸기 파티

여행에서 만난 많은 사람들이 라이언의 짐 싸기 파티에 흥미를 보이고 영향을 받았다(한 영국인 작가는 짐 싸기 파티를 주제로 한 책을 쓰기 시작했다). 더 많은 정보는 우리의 웹사이트에 실려 있다(202쪽 참고).

친절

여행을 시작하고 나서 처음 열한 개 도시에서는 모텔 방 하나만 빌려서 묵어야 했다. 그 후로는 우리를 초대해서 친구로 받아들여준 멋진 사람들의 집에서 숙박을 해결했다.

도움

각각의 도시에는 기꺼이 모임 장소를 탐색하고 준비해준 정기 모임 리더가 있었다. 그들이 없었다면 우리는 해내지 못했을 것이다. 내가 먼저 타인의 삶에 가치를 더한다면, 그들 역시 기꺼이 나의 삶에 가치를 더해준다. 기여가 기여를 낳는다. 기여는 본질적으로 상호 호혜적이다.

포옹

지난 몇 개월 간 수천 명과 포옹을 나눴다. 사람들은 포옹을 하면 악수할 때와 다른 반응을 보인다. 시도해보라. 오늘 잘 모르는 사람을 껴안아보라. 한 번의 포옹이 그 사람의 인생을 바꿔놓을지도 모른다. 당신의 인생이 바뀔지도 모른다.

미니멀리즘의 가장 중요한 교훈

내가 아는 모든 사람 / 내가 가는 모든 곳
내가 들은 모든 이야기 / 그건 바로 우리가 찾는 사랑.
— 맷 카니Mat Kearney, '내가 아는 모든 사람Everyone I Know' 중에서

우리는 미니멀리즘 여정에서 기대 이상으로 많은 것을 배웠다. 33개 도시를 순회했던 정기 모임 여행에서도 마찬가지였다. 그리고 지금도 여전히 배우는 중이다. 하지만 그 중에서 가장 중요한 교훈은 미니멀리즘이 오직 한 부류의 사람들의 마음만을 움직일 수 있다는 사실이다.

그것은 바로 '열린 마음을 가진 사람들'이다.

우리는 전국 일주 여행에서 각계각층의 사람들을 만나고 다양한 인간상을 목격했다. '월가를 점령하라' 시위대 참가자부터 전직 CEO까지, 변호사와 스탠드업 코미디언, 11살짜리 소년과 83세 증조할머니, 고등학교 중퇴자와 대학 교수, 마라톤

선수와 몸무게 감량을 위해 애쓰는 사람, 싱글맘에서 우리 이야기를 들으라고 십대 자녀를 데려온 부모에 이르기까지, 다양한 인종 및 사회경제적 배경을 가진 1,900명이 넘는 사람들이 우리 정모에 참석했다.

누구도 혼자가 아니다. 누구나 미니멀리즘을 삶에 적용할 수 있다. 열린 마음을 가진 사람이라면 충분하다. 우리는 모두 같은 것을 찾고 있다. 우리는 모두 의미 있는 삶을 추구한다. 우리는 모두 사랑할 대상을 찾는다.

4장

미니멀리스트로
산다는 것

minimalist

미니멀리스트의 아파트

"제 아파트에 잠시 놀러 오세요. 환영합니다. 밀번(밀번의 집)에 귀한 시간을 내어 방문해주셔서 감사합니다. 집이 좀 지저분하니 이해해 주세요. 농담입니다. 미니멀리스트 식의 재미없는 농담이에요. 그나저나, 이쪽으로 오세요. 집을 구경시켜 드릴게요."

사람들은 내가 사는 공간이나 그 공간에 담긴 '아이디어'에 종종 호기심을 보이며 미니멀리스트가 '실제로' 사는 모습은 어떨지 궁금해 하고, 각종 관음증적인 질문을 던지기도 한다. 하지만 괜찮다. 나도 그 끌림을 이해한다. 내가 처음으로 미니멀리즘에 입문했을 때에도, 그 티 없이 하얀 영역에 발을 들여

놓길 주저하면서 다른 사람들의 삶에서는 어떤 물질적인 변화가 일어났는지 '보고' 싶었다. 그들의 세계를 살짝 엿보고 미니멀리즘이란 게 가능한지, 그리고 내가 바라던 그런 삶이 맞는지 확인하고 싶었다. 그때까지만 해도 나는 미니멀리즘이 모든 사람에게 이상적인 삶의 방식이라고 생각하지 않았다. 어찌 됐든 나는 수도승처럼 살고 싶지도, 가방 하나만 들고 세계를 여행하고 싶지도, 무엇보다도 내가 가진 물건을 모두 버려 텅 빈 아파트에 혼자 뚱하게 앉아 있고 싶지도 않았다. 내가 과연 미니멀리스트로서 행복해질 수 있을까?

오하이오 주 데이턴 시내에 있던 나의 아파트는 단단한 목재 바닥과 높은 천장, 탁 트이고 환기가 잘 되는 널찍한 공간을 자랑하는 벽돌집으로, 잡지에서 볼 수 있을 법한 아름다운 집이었다(생각해보니 실제로 잡지에 두 번 실렸었다).

하지만 회사를 그만두면서 집을 줄이기로 했다. 지출을 줄여 내가 꿈꾸는 삶을 살기 위해 필요한 여유를 마련해야겠다고 생각했다. 그래서 나는 그림 같은 예전 아파트에서 그리 멀지 않은 곳에 침실 하나짜리 작은 아파트를 얻어 이사했다.

처음에는 새로운 공간에 예전 아파트만큼 만족할 수 있을지 의구심이 들었다. 새 아파트는 깨끗했고, 바닥은 나무로, 벽은

벽돌로 지어긴 했지만 예전 아파트만한 매력이 없었다. 내가 변화에 만족할 수 있을까? 확신이 없었다.

빠르게 일 년이 지나갔고, 이제는 내 작은 새 아파트를 옛날 아파트보다 '훨씬' 더 좋아하게 되었다. 일 년 전만 해도 불가능한 일이었다. 미니멀리즘이 지닌 우아함은 완벽하게 나의 새로운 공간에 내려앉았다. 게다가 새로운 아파트는 낮에는 빛이 더 잘 들어오고, 글을 쓰고 싶을 시간에는 더 조용하고, 19세기에 지어진 벽돌집과 가로수가 늘어선 길과 공원이 있는 멋진 동네에 위치해 있고, 나의 단골 카페와 레스토랑에서 가깝다. 아, 그리고 한 달 월세는 500달러(약 50만 원)로, 예전에 비하면 상당히 저렴하다.

최근에 한 노르웨이 잡지사에서 내 아파트 사진을 잡지에 싣고 싶다고 했다. 촬영은 내 친구이자 사진작가인 애덤 드레슬러가 맡았다. 다음은 그 때 찍은 사진들이다(궁금한 독자를 위해). 마음껏 둘러보길 바란다.

입구

아파트로 걸어 들어오다 보면 입구가 정말 작다는 생각이 맨 처음 들 것이다(아파트가 좀 더 컸다면 입구가 아니라 현관이라

불렸을 것이다). 벽에 고정시킨 코트걸이에는 외투 한 벌, 우산 하나, 모직 모자 하나가 걸려 있다. 그리고 바로 앞에 빨간 의자가 하나 놓여 있다.

계단을 끝까지 올라가면 작은 탁자가 있고, 그 위에 놓인 그릇 안에는 매일 산책을 나갈 때 가지고 가는 개인적인 물건(헤드폰, 노트북과 펜 등)들이 들어 있다. 아래쪽 선반을 차지하고 있는 건 코드가 뽑힌 전화기다. 나와 통신 산업(내가 12년간 몸담았던) 사이의 단절 선언을 상징한다. 그 위로는 가죽 코트 한 벌이 벽에 걸려 있다. 입지 않을 때에는 한 점의 예술작품으로 전시해둔다.

거실/식당 및 부엌

바로 근처의 밝고 개방된 공간에 거실/식당과 부엌, 그리고 책을 읽는 장소가 모두 모여 있다. 식탁에서는 총 6명이 아늑한 식사를 즐길 수 있다(물론 6명에게 식사를 대접할 식기 세트도 갖춰두었다). 이곳은 친구와 함께 일하기에도 좋다.

식탁 근처에는 내가 꽤 오랜 시간을 보내곤 하는 소박한 독서 공간이 마련되어 있다. 이곳에서 때로 사색에 잠기곤 한다.

그리고 정말 책에 푹 빠져들기에 좋은 장소이다. 가끔 기타를 치기도 하지만 나의 연주 실력은 형편없다.

책을 2000권이나 내다 버리고 나니 단 몇 권만이 남았다. 사람들이 요리책을 올려놓을 법한 부엌 선반에 나는 작문 책을 쌓아두었다. 이 중 몇 권은 내가 가르치는 온라인 작문 수업의 교재이다.

부엌 찬장에는 너저분한 물건들을 몽땅 숨겨두었다. 다양한 허브차, 설거지용 세제(뒤쪽으로 밀어 넣어 두었다), 신기한 주서기 등이 들어 있다.

침실 & 작업 공간

작은 복도를 따라가면 침대가 있는 침실로 이어진다. 옆에
는 새벽 3시 30분에 침대에서 기어 나와 글을 쓸 수 있는 작업
공간이 있다. 침대 옆 탁자에는 양초 한 쌍과 휴대전화(겸 하나
밖에 없는 알람시계) 충전기가 놓여 있다. 근처의 서랍장 위에는
램프와 양초, 그리고 엄청나게 복잡한 스테레오(아이폰을 꽂을
수 있다)가 놓여 있다. 서랍 안에는 티셔츠 몇 장이 들어 있다.

침실 벽장

침실의 벽장에는 나머지 옷 전부와 하루 18분 운동(183쪽 참고)에 쓰는 아령이 들어 있다.

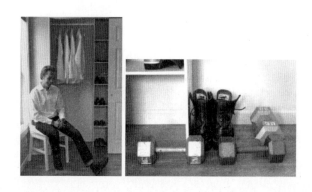

미니멀리즘: 결핍 안에서 자신을 발견하기

아파트에는 물론 변기와 냉장고와 샤워기도 있지만, 낯을 가리는 녀석들이라 사진에 찍히지는 않았다. 작문 책이 쌓여 있는 선반 위에는 사진 액자들도 전시해 두었고, 청소 도구들은 다리미와 다리미판 옆 복도벽장 속에 깔끔하게 정렬시켜 두었다. 세탁기와 건조기는 침실 옆 미닫이문 뒤에 있다. 또한 사진에 찍히지 않은 다른 것들, 예를 들면 차와 한 벌 있는 양복과 양말이나 속옷을 넣어둔 서랍과 튼튼한 말콤 폰티어 여행 가방(내가 산 것이 아니라, 폰티어가 웹사이트에서 여행 가방 이야기를 하는 것을 조건으로 주었다).

시간이 지날수록 내 욕구는 변할 테고, 내가 지닌 물건 역시 변할 것이다. 하지만 미니멀리즘은 나의 삶의 방식으로 계속 추구할 생각이다. 목적이 있는 삶, 개인적 자유, 깊은 자각, 건강, 풍요로운 인간관계, 개인적 성장, 의미 있는 기여 등등 미니멀리즘이 내게 가져다준 것들은 실로 어마어마하기 때문이다.

미니멀리즘 생활방식의 부가적인 혜택도 많다. 다수는 내가 기대하지도 못했던 것들이다. 예를 들어, 침실 3개짜리 거대한 집에 살던 과거에 나는 청소기를 돌리고 바닥을 닦고, 모든 표면과 장식품의 먼지를 닦아내는 데 8시간을 허비하곤 했다. 하지만 지금 사는 아파트는 걸레질에 욕실 바닥 청소를 다 해도 45분 안에 청소가 끝난다. 애덤이 사진을 찍으러 온다고 했을 때에도 일부러 '정리'할 필요가 없었다. 정말이다. 사진에서 보이는 모습은 내 일상과 똑같다.

한때는 나도 복잡한 물건 정리 체계를 적용해가며 온갖 잡동사니를 정리하고 자잘한 물건들을 분류하고 쓰레기를 버리며 주말을 통째로 보내기도 했다. 하지만 애초에 정리할 물건이 별로 없는 지금은 쉽게 정돈된 상태를 유지할 수 있다. 물건을 닦고 정돈하는 것보다는 없애는 편이 훨씬 쉽다. 빈 공간이 많을수록 물건이 아닌 자기 자신과 주변 사람들에게 집중할 수 있다(결핍 안에서 자신을 발견하게 된다).

하지만 가장 큰 부가적 혜택이라면 집에 돌아왔을 때 마음이 차분해진다는 점이다. 이제는 어지럽혀진 집안을 걱정할 필요도, 정돈된 혼돈에 심란할 필요도, 주변 환경에 불만족스러워할 필요도 없다. 소박한 나의 집은 고요하고, 차분하고, 평화롭다.

이런, 집에 오는 게 너무 좋잖아!

미니멀리스트의 하루 18분 운동법

이것은 실화이다. 나는 한때 뚱보였다. 2년 전, 나는 팔굽혀 펴기를 단 한 개도 못했다. 턱걸이도 마찬가지였다. 운동이라 곤 전혀 하지 않았다. 한다 해도 시작한 지 며칠 만에 포기해버 리곤 했다. 식이조절로 무려 30킬로그램을 감량한 후에도 나는 뚱보였다. 28세의 나는 말랑말랑하고 축 처지고 허약했다.

하지만 지금은 그렇지 않다. 30대 들어 나는 인생 최고의 몸 을 갖게 되었다. 내 몸이 좋아질 수 있었던 이유는 운동을 즐길 방법을 찾았기 때문이다. 나는 운동을 두렵고 지겨운 일이 아 니라 매일 나에게 주어지는 보상으로 받아들이는 방법을 발견 했다.

운동이 즐거워진 이유 세 가지

나는 좋아하는 운동만 한다. 달리기는 싫어하므로 하지 않는다. 달리기를 6개월 동안 해보고 나와 맞지 않는다는 결론을 내렸다. 내가 달리는 모습을 목격한다면, 틀림없이 누군가에게 쫓기고 있는 것이니 경찰에 신고해 주시길. 달리기를 대신해 걷기, 일립티컬 머신(러닝머신과 자전거, 스테퍼를 합쳐놓은 듯한 운동기구)과 심장 강화에 효과가 있는 맨몸 운동을 한다.

운동은 스트레스를 해소해준다. 보통은 아침에 운동하길 좋아하지만 긴장하거나 스트레스를 받은 날이면 저녁에 헬스클럽(또는 공원)에 간다. 길고 짜증났던 하루의 끝을 운동으로 마무리하면서 중요한 것들을 되돌아볼 혼자만의 시간을 가질 수 있기 때문이다.

다양한 운동을 하면 질리지 않는다. 운동을 처음 시작할 때는 한 주에 세 번씩 헬스클럽에 갔다. 물론 운동을 아예 안 하는 것보다는 나았다. 더 진지하게 운동에 임하게 되면서부터는 매일 가기 시작했다. 하지만 이러한 일과에 시간을 너무 많이 빼앗겼고, 같은 운동을 계속해서 반복하다 보니 결국 정체기가 왔다. 지금은 여러 운동을 섞어서 하고 있다. 매일 걷고, 때때로 헬스클럽에 가긴 하지만, 내 몸에 가장 눈에 띄는 변화를 가져온 것은 하루 18분 맨몸 운동이었다.

18분 운동법

마음대로 갖다 붙인 이름처럼 들린다는 것을 나도 안다. 이
운동을 처음 시작했을 때에는 딱히 운동 시간을 정해놓지 않
았다. 하지만 일주일 후에 내가 매번 운동을 시작한 지 18분
만에 지친다는 사실을 알게 되었다. 그리하여 '18분 운동법'이
탄생했다(대부분은 거실에서건, 실외에서건, 심지어 폭풍우가 몰아
치는 야외에서건 장소에 구애받지 않고 할 수 있다).

아래와 같은 운동을 번갈아가며 한다. 물론 각자 좋아하는
운동을 끼워 넣어도 된다. 남녀 모두 자신의 몸 상태에 따라 누
구든지 할 수 있다.

1 팔굽혀펴기

앞에서 말했다시피 2년 전의 나는 팔굽혀펴기를 1회도 못했
다. 운동을 시작하고 나서 변형 동작으로 먼저 연습하고 나면
1회쯤 할 수 있게 되었다. 시간이 더 지나자 10회, 20회까지
늘어났다. 지금은 한 세트에 100회는 거뜬하다. 보통 3~5세트
를 반복하므로 18분 안에 200~400회쯤 하는 셈이다.

2 턱걸이

2년 전에는 죽을 때까지 턱걸이를 하나도 못 하겠구나 싶었다. 운동을 시작하고 나서 얼마 후 1회를 성공했다. 곧 2회에서 4회로 늘었다. 지금은 한 번에 30회 가량 쉬지 않고 할 수 있다. 보통 3~4세트를 반복하므로 18분 안에 100회쯤 한다. 나는 공원에 있는 철봉을 활용하지만 집에 철봉을 설치하여 쓸 수도 있다. 친구인 리오 바바우타는 팔뚝만큼 굵은 나뭇가지를 이용한다. 예전에는 턱걸이를 싫어했지만 지금은 가장 좋아하는 운동이다.

3 스쿼트

맨몸 스쿼트를 시작한 지는 얼마 되지 않았지만 벌써 상당한 변화를 느끼고 있다. 지금은 20회씩 3~4세트씩 하고 있지만 계속해서 늘릴 계획이다.

4 숄더 프레스

13.6킬로그램짜리 아령 두 개를 이용한다. 더 가볍거나 더 큰 아령 또는 무게가 나가는 물건을 써도 된다(예를 들면 무거운 쌀 봉지나 물통 등). 보통 3~4세트씩 총 50회 가량 실시한다.

특별히 정해놓지는 않지만 각 세트 사이에 30초씩 휴식하고 다음 운동으로 넘어간다. 18분이 지나고 나면 녹초가 된다. 그리고 기분이 아주 좋아진다. 열심히 운동하고 나서 찾아오는 노곤한 행복감을 즐겨보라. 한때는 지루했던 운동이 지금은 아주 신난다.

지금은 팔굽혀펴기나 턱걸이를 전혀 하지 못하더라도 차츰 늘려 나가면 된다. 누구라도 건강을 위해 하루 18분 정도는 낼 수 있는 것 아닌가? 18초만 시간을 내서 친구들과 이 글을 공유해 주시길.

미니멀리스트의 작업실

나는 정해진 하루 일과가 있지는 않지만 보통 아침 시간은 책상 앞에서 혼자 글을 쓰며 보낸다. 아래 사진은 실제로 매일 내가 사용하는 책상 그대로를 찍은 것이다(사진을 찍기 전에 책상을 정리하지 않았다).

미니멀리즘은 불필요한 것들을 치우고 필수적인 것만 남기도록 도와준다. 그 결과 내 책상 위에는 일하는 데 꼭 필요한 것만 남았다.

내 일은 글을 쓰는 것이다. 글을 쓰려면 컴퓨터와 워드 프로세싱 프로그램(나는 애플의 아이워크를 쓴다), 의자, 펜과 공책, 메모지에 써 놓은 초안, 램프(보통 동트기 전에 일을 시작하기 때

문에)가 필요하다. 가끔 여기에 커피 한 잔이나 물 한 컵이 추가된다.

불필요한 것 없애기

과거의 나는 나 자신을 속였다. '생산적'으로 일하려면 많은 물건이 필요하다고 생각했다. 인터넷선, 벽걸이 시계, 책으로 빼곡한 책장, 서류 보관함과 서류철과 3공 바인더, 스캐너, 스테이플러, 책상 달력, 화이트 보드와 코르크 보드, 클립이나 압정, 형광펜이나 메모지, 포스트잇 같은 다양한 잡동사니가 들어 있는 사무용품 정리함이 필요하다고 생각했다.

하지만 시간이 흐를수록 그런 것은 필요 없다는 사실을 깨달았다. 그래서 한 번에 하나씩 버리다 보니 지금 갖고 있는 물건들만 남았다. 어쩌면 언젠가는 공책이나 메모지도 사라질지 모르고, 내가 하는 일의 가치를 높이기만 한다면 한두 가지 물건을 더하게 될지도 모를 일이다.

아직 몇 가지 사무용품을 남겨두긴 했지만 작은 박스에 넣어서 벽장 안에 보관하고 있다. 매일 쓸 필요가 없는 물건은 보이지 않게 치움으로써 중요한 것에만 집중한다.

요점은 컴퓨터나 메모지 같은 것만 남기고 다 버리라는 것이 아니다. 필수적인 것만 남길 수 있도록 불필요한 것을 없애라는 말이다. 그렇게 하면 원치 않는 스트레스를 줄이고, 주의가 산만해지는 일을 막고, 중요한 일에 집중할 수 있다. 업무상 서류나 각종 용품으로부터 완전히 자유로울 수는 없더라도, 업무 공간 안에 있는 물건의 필요 여부를 다시 한번 검토해보라.

실험

다음과 같은 실험을 해보라. 오늘 당장 모든 물건을 없애고 (상자에 모두 담아두거나 눈앞에서 안 보이도록 치운다), 며칠에 걸쳐 필요할 때마다 천천히 물건을 하나씩 다시 가져다 놓는다. 그리고 다시 가져오지 않은 물건(즉 이번 주에 쓰지 않은 물건)은 없앤다. 실험에 참여할 준비가 되었는가?

혼자만의 시간을 만드는 5가지 방법

　우리의 일상은 소음으로 가득하다. 그리고 그 소리를 줄이기는 점점 더 힘들어진다. 조금이나마 고독을 즐길 수 있겠다 싶은 장소를 찾아내더라도 이내 갖가지 종류의 미디어가 그 장소를 에워싸고 만다. 공항 대기실에서는 머리 위 HD 모니터로 '오락 프로그램'이 방송되고, 마트 계산대에서는 지겨운 대중음악이 흘러나오고, 심지어 서점에서도 각종 광고와 어수선한 이미지들이 언제 어디서나 우리를 포위한다.

　우리가 통제하고 있다고 믿는 물건이라도 마찬가지이다. 거실에 놓인 텔레비전, 인터넷, 스마트폰, 아이패드, 끝없는 기술적 '진보'의 결과물들이 하루 종일 우리의 주의를 빼앗아간다.

소음은 종종 도망칠 수도, 줄일 수도, 무시할 수도 없는 존재로 느껴진다. 소음으로부터 자유로울 수 있는 유일한 시간은 잠이 들었을 때뿐이다. 혹시 우리의 꿈속까지 침범하는 것은 아닐까? 하지만 소음을 줄일 수 있는 방법이 있다. 손쉬운 방법은 아니고 의식적인 노력이 필요하긴 하지만, 분명 가능하다. 선택은 우리 몫이다.

1 일찍 일어난다

요즘 나는 알람 없이 내 몸이 원하는 시간에 일어난다. 어떤 날은 새벽 3시에 일어날 때도 있다. 나는 알람을 맞춰서라도 해돋이와 함께 바쁜 하루가 시작되기 전에 새벽 산책을 나가곤 한다. 천천히 일어나고, 서두르지 않고, 생각을 한다. 나는 이른 새벽의 조용한 방에서 생각을 방해하는 요소(텔레비전, 라디오, 시계, 소음 등) 없이 글을 쓴다. 오직 나와 내 생각과 종이 위 글자만 존재하는 시간을 갖는다.

2 독서 시간을 정한다

나는 독서를 좋아한다. 특히 데이비드 포스터 월리스, 돈 드릴로, 데니스 존슨, 조너선 프랜즌 등의 소설을 좋아한다. 지금은 정해진 일과 없이 읽고 싶을 때 읽지만, 예전에는 책 읽을 시간을 미리 빼두어야 했다(회사 일로 바빴을 때의 일이다). 이렇게 하여 오직 나 자신과 종이 위 글자만 남는 고독 속의 시간을 갖는다.

3 산책을 한다

나는 자주 걷는다(데이턴은 세상에서 가장 산책하기 불편한 도시이지만 개의치 않는다). 산책하는 동안에는 방해받지 않고 생각에 잠길 시간, 오롯이 나를 위한 시간, 머릿속에서 생각과 감정을 정리할 시간을 가질 수 있다. 단 15분의 산책이라도 가치가 있다. 오직 나와 내 생각과 동녘이 밝아오는 하늘 아래 빛나는 도시의 불빛만 존재하는 시간을 갖는다.

4 운동을 한다

나는 매일 운동한다. 운동을 하는 가장 큰 이유는 건강이 삶에서 가장 중요하기 때문이다. 건강보다 더 중요한 것은 없다. 때로는 헬스클럽에 간다. 때로는 공원에서 내리쬐는 햇볕을 받으며 팔굽혀펴기나 스쿼트, 턱걸이 따위를 한다. 운동할 때면 나는 오직 나와 내 생각과 움직이는 육체만 존재하는 혼자만의 시간을 갖는다.

5 집중에 방해되는 것을 없앤다

당연한 말 같지만, 오늘날에는 갖은 소음에 정신을 빼앗길 일이 너무나 많으므로 당연한 말도 그리 당연하게 실천하기가 어렵다. 하지만 잠시 휴대전화를 꺼놓거나, 텔레비전을 버리거나, 한 달간 인터넷을 끊거나, 시계를 몇 개 없애거나, 이메일 또는 SNS를 하루에 한 번만 확인하거나, 삶에서 눈에 띄지 않는 방해물들을 제거할 방법을 찾아야 한다. 내가 한 일이 바로 그것이다. 오직 나와 내 생각과 더욱 의미 있는 삶만이 존재하게 된다.

하루에 단 몇 분만이라도 고독을 즐길 시간을 가져 보길 권한다. 삶에서 방해물들을 제거하고 혼란스런 세계에서 잠시나마 혼자만의 시간을 가지려면 어떻게 해야 할까? 친구들과 이 글을 공유하되, 고요한 시간을 즐기고 싶은 사람들을 위해 조용히 전달해 주시길.

내가 가진 모든 것: 288가지

내게는 여러분이 생각하는 것보다 많은 것이 있다.

이 글은 아마도 데이브 브루노Dave Bruno의 《100개만으로 살아보기》에 대한 내 나름의 해석이 될 것이다. 하지만 '물건 세기'에 대해 이야기하려는 건 아니다. 이 글은 본질적으로 패러디이지만, 가지고 있는 물건을 의식하기, 자주 사용하는 것만 소유하기, 그리고 궁극적으로 덜 가짐으로써 가진 것들에 감사하기에 대한 이야기이다.

어떤 용감한 미니멀리스트들은 브루노의 이 도전을 극한으로 밀고 나갔다. 51가지 물건으로 살아가는 콜린 라이트, 50가지 물건의 리오 바바우타, 72가지 물건의 태미 스트로벨, 단

47가지 물건만 남긴 니나 야우 등이 그 예이다. 반면 조슈아 베커나 샘 스펄린처럼 다른 방식으로 용감한 미니멀리스트도 있다. 이들은 물건 세기에 동참하지 않는다. 아마도 이 도전이 일종의 경쟁이 될까봐서인지도 모른다. 만약 이 도전이 경쟁이라면 나는 지는 게임에 뛰어든 것이다(내가 이 게임에 참여하는 것은 NBA 농구선수가 아이스하키 경기를 뛰는 것이나 마찬가지이다).

물건 세기에 동참한 다른 사람들과 달리 나는 문자 그대로 내가 가진 '모든 것'을 세어봤다. 벽시계, 칫솔, 액자, 오븐용 장갑, 싱크대 아래 쓰레기통, 소금통과 후추통, 조리도구, 심지어 샤워부스 안의 철제 샴푸 받침대까지 포함했다. 사람들이 '공유 품목'이라는 이유로 리스트에서 제외하는 물건들(소파, 의자, 식탁, 그 외 가구들)까지 셌다. 나는 혼자 사니까 이런 물건까지 다 셀 필요가 있었다. 그리고 물건들을 몇 가지 그룹(예를 들어 속옷, 옷걸이, 식품 등)으로 나누되 필요한 경우에만 그렇게 했다. 그룹을 나누기가 가장 힘든 물건은 책이었다. 올해 가지고 있던 책 대부분을 정리했으므로 책이 많지는 않지만 굳이 그룹에 넣은 이유는 그 책들을 탁자에 올려두고 소설을 쓸 때 자주 참고하기 때문이다.

분명히 짚고 넘어갈 것은 내가 앞으로 50개 혹은 100개까지 물건을 줄일 생각이 없다는 사실이다. '그러면 물건은 왜 세지?' 좋은 질문이다. 불필요하고 쓰지 않는 물건을 없애기 위해 물건의 수를 세어두고 싶었다. 가진 물건을 전부 종이에 적다 보면 모든 것을 다른 관점에서 생각하게 되고 사용하지 않는 물건을 많이 없앨 수 있음을 깨닫게 된다. 지난 해 동안 2000개가 넘는 물건을 버렸고, 목록을 만드는 동안 추가로 100개 이상을 버리고 나니, 결국 288가지 물건이 남았다.

　288가지라니 미니멀리스트답지 않아 보이는가? 여러분의 물건을 한 번 세어보길 바란다(정직하게 세어야 한다). 여러분이 생각하는 것보다 훨씬 많을 것이라고 장담한다. 288가지 물건이 남은 나의 아파트는 이런 모습이다.

　나의 공간, 미니멀리스트의 '원룸'은 늘 이런 모습이다. 사

진을 찍기 위해 일부러 집을 청소할 필요가 없었다(청소할 거리가 적다는 것은 미니멀리즘의 또 다른 장점이다).

다음은 내가 가진 288가지 물건 목록이다. 이것이 내가 가진 전부다. 처음에는 모든 물건을 다 적었지만, 그러면 글이 너무 길고 지루해질 것이다. 그래서 절충하여 각 범주마다 속하는 물건의 예시와 물건 수를 적었다. 나로서는 헛수고를 한 셈이지만, 이 목록 자체가 중요한 내용은 아니다.

생활용품&부대용품

33가지 – 자동차, 기타, 책, 머리빗, 칫솔 등.

소모품

5가지 그룹 – 식품, 청소용품, 위생용품, 사무용품, 종이제품

주방용품

19가지 – 깊은 냄비, 납작한 냄비, 조리도구, 커피메이커, 토스터, 오븐용 장갑 등.

욕실용품

6가지 – 욕실 체중계, 바닥 깔개, 쓰레기통, 욕실용 선반 등.

전자기기

10가지 – 핸드폰, 맥북, 프린터, 아이팟 등.

가구

18가지 – 침대, 소파, 커피 테이블, 책상, 의자 등.

장식품

14가지 – 장식용 화분, 예술작품, 디지털 사진 프레임, 벽시계 등.

의류(잡화)

58가지 – 신발, 양말, 속옷, 벨트, 운동용 반바지, 코트 등.

의류(평상복)

79가지 – 청바지, 후드티, 티셔츠, 셔츠 등.

의류(정장)

50가지 – 양복, 넥타이, 와이셔츠 등.

이상이 내가 가진 물건 전부이다. 총 288가지. 원한다면 세어봐도 좋다. 목록을 만들고 나서 가장 좋은 점은 목록의 모든 물건을 실제로 사용하고 있음을 확인하게 된다는 것이다. 내가 가진 것들 중에서 정기적으로 내 손길이 닿지 않는 주방용품이나 가구나 옷은 하나도 없다.

옷이 꽤 많다는 것을 알지만, 장담컨대 목록에 있는 옷 중 입지 않는 것은 없다. 그리고 작년에만 해도 10년 간 지하실에서 먼지만 쌓여가던 옷을 차로 다섯 번이나 날라서 버렸다. 이제 옷들은 모두 옷장 안에 잘 정리되어 있고, 내가 가진 모든 물건들은 손때가 묻고 있으며, 내 소유의 물건 중에 상자 안에 넣어져 어딘가에 처박혀 있는 것은 단 하나도 없다(그러니까 나는 겨울에 겨울용 옷을, 여름에 여름용 옷을 꺼낼 필요가 없다).

무엇보다도 나는 내 물건 어느 것에도 애착이 없다. 물론 가장 좋아하는 청바지나 신발이나 티셔츠 같은 건 있지만, 그것이 나를 정의하지는 않는다. 나는 물건들에 애착이 없으므로 언제든지 물건을 없앨 수 있다. 내 청바지나 가구나 조리도구가 곧 나는 아니다.

물론 목록은 시간이 갈수록 변할 것이다. 다음 달에는 284가 지였다가, 그 다음 달에는 285가지가 될 수도 있다. 내년에는 190가지로 줄어들지 또 누가 알겠는가? 앞으로도 쓰지 않는 물건은 없앨 생각이다. 하지만 그럴 때마다 목록에 반영하진 않을 것이다. 이 목록은 참고용이고, 현재를 기록한 스냅 사진이자 미니멀리스트로서 살아가기 위한 도구일 뿐이다. 그리고 꼭 필요하지 않다면(예를 들면 음식이나 위생용품처럼) 가짓수를 더 늘리지 않기 위해 의식적인 노력을 기울이고 있다.

다시 한 번 말하지만, 이 글에 담긴 표면적인 주제, 즉 물건 수 세기는 이 글의 핵심이 아니다. 중요한 것은 물품 목록 만들기를 통해 새로운 세상에 눈을 뜨게 되고, 불필요한 물건을 제거하고 난 후에 남은 것들을 감사한 마음으로 받아들일 수 있다는 사실이다. 비록 내게 있는 물건들에 애착을 품고 있지는 않지만 진심으로 감사하게 생각한다.

짐 싸기 파티

'짐 싸기 파티'의 개념은 단순하다. 갑자기 이사를 가게 되어 하루만에 모든 짐을 싸야 한다고 가정하는 것이다. 짐을 싸는 것은 힘든 일이지만 그래도 '파티'처럼 즐겁게 해보자는 의도로 '짐 싸기 파티'라고 이름 붙였다. 파티에서는 뭘 하든 신나는 법이니까. 친구들을 초대할 수 있다면 함께 파티를 즐기는 것도 좋다(단, 나에게 불필요한 것들은 친구들에게 나눠줘야 한다).

우리는 여덟 시간 동안 주방, 거실, 응접실 그리고 침실에 흩어져 있는 옷장, 서랍장 속에 있는 물건들을 상자에 담았다. 사용하지 않는 덩치 큰 가구나 전자제품은 큼지막한 종이로

덮어두었다. 파티 막바지에는 거실에 놓인 소파와 탁자까지 말끔히 처리했다.

짐 싸기 파티에서는 칫솔, 탈취제, 주방용품처럼 앞으로 사용할 가능성이 높은 물건일지라도 빼놓지 않고 상자에 담거나 포장해야 한다. 그런 다음 일주일간 필요할 때마다 꺼내어 쓰면 된다. 그날 저녁 당장 칫솔이 필요하다면 상자에서 찾아내면 된다. 아침에 일어나 샴푸와 비누가 필요한가? 짐을 풀면 된다. 다음 날 입을 옷이 필요한가? 역시 상자에서 찾아 입어라.

일주일 후에 집 안을 한번 둘러보라. 아마 거의 모든 짐이 상자 안에 그대로 있을 것이다. 이제 가장 흥미진진한 결정만 남았다. 쌓여 있는 짐을 모두 버리거나, 기부하거나, 팔아라.

짐 싸기 파티를 하고 나면 집에서 나온 상자, 쓰레기봉투로 발 딛을 틈이 없을 것이다. 짐 싸기 파티를 하고 나면 방과 장식장이 깨끗이 비게 되고 그 이전보다 훨씬 중요한 일에 집중하게 되고 새로운 인생을 시작할 수 있다.

의미 있는 크리스마스를 보내는 5가지 방법

상점 주인들은 몇 달 전부터 크리스마스를 위해 준비한다. 소비를 향한 당신의 만족할 줄 모르는 욕구를 자극할 준비 말이다. 하지만 우리 둘은 이런 쇼핑 시즌에 대해 밝히고 싶은 것이 있다. 매년 이맘때면 우리는 따뜻하고 보송보송한 크리스마스의 향수와 겨울의 시작을 함께 떠올린다. 목도리나 장갑이나 겨울 코트를 준비한다. 스케이트나 썰매를 타러 가고, 친척들과 모여서 따뜻한 음식을 먹는다. 며칠 동안 일을 쉬며 사랑하는 사람들과 시간을 보내고, 선물에 감사 인사를 한다.

문제는 우리가 이처럼 행복한 시간, 가족 모임 같은 것들을 물건 구입과 연관 지어 생각하도록 길들여졌다는 사실이다.

우리는 물건 구매가 크리스마스와 불가분한 관계라고 믿고 있다. 하지만 우리 모두는 의미 있는 기념일을 위해 선물이 꼭 필요하진 않다는 것을 안다. 크리스마스 연휴는 트리 아래 놓는 선물 박스가 아니라 크리스마스의 진정한 가치 때문에 의미 있다. 서로 선물을 주고받는 것이 잘못됐다거나 나쁘다고 말하는 것이 아니다. 하지만 선물이 크리스마스에서 가장 중요한 부분을 차지한다면 진정 중요한 것에 집중하지 못하게 된다. 크리스마스 맞이 쇼핑에 집중하는 대신, 함께하는 의미 있는 크리스마스를 위한 5가지 방법을 실천해보길 권한다.

1 쇼핑을 피하세요

블랙 프라이데이나 기념일 주말에 열리는 모든 대규모 쇼핑을 피하세요. 집 안에 있는 편이 가장 좋습니다. 소비는 잠재울 수 없는 갈증이라는 사실을 명심하세요. 판매업체, 광고주, 제조사들은 이 사실을 너무나 잘 압니다. 그리고 세일로 소비를 향한 만족할 줄 모르는 욕구를 자극합니다. 대신 지역 중소기업 제품을 이용하세요. 여러분의 공동체에서 변화를 만들어내고 있는 사람들을 지지해주세요.

2 시간을 선물하세요

올해 크리스마스 선물을 단 하나만 받을 수 있다면 뭘 받고 싶으십니까?

제 대답은 간단합니다. 시간이요. 최고의 선물은 누군가의 곁에 있는 것입니다. 제가 아끼는 사람들은 새 신발 한 켤레, 반짝거리는 새 전자제품, 심지어 거대한 리본이 달린 고급 승용차보다도 제게 훨씬 큰 의미가 있습니다. 하지만 많은 사람들은 선물을 주는 것으로 사랑하는 사람들과 함께하지 못하는 시간을 보상하려 합니다. 물건은 결코 잃어버린 시간을 보상하지 못합니다. 다음번에 누군가가 크리스마스 선물로 무엇을 받고 싶은지 물어본다면, 이렇게 말해보세요. '네가 나한테 줄 수 있는 가장 큰 선물은 곁에 있어주는 거야.'

3 물건이 아니라 경험을 선물하세요

올해는 오직 경험을 선물해본다면 어떨까요? 얼마나 더 기억에 남는 기념일이 될까요? 경험은 여러분과 사랑하는 사람들 사이를 더욱 돈독하게 만들어줍니다. 선물할 만한 경험이라면 콘서트나 연극 티켓, 집에서 만든 음식, 발 마사지, 함께 보내는 휴가, 겨울 석양이 지는 모습 보기 등이 있습니다. 선물보다는 이런 경험이 더 가치 있을 것이라 생각하지 않으십니까? 여러분이 사랑하는 사람들 역시 그렇게 생각하지 않을까요?

<u>4</u> 더 나은 크리스마스 선물을 부탁하세요

아시다시피, 오랜 격언은 결국 진실입니다. '받는 것보다 주는 것이 행복하나니.'

몇 달 전에 저는 제 생일 선물을 받는 대신 친구들과 가족들로부터 5000달러 이상을 받아 채리티 워터에 기부했습니다. 그 기부금으로 250명이 넘는 사람들이 깨끗한 물을 공급받게 되었지요. 여러분도 크리스마스에 선물 대신 여러분이 가장 좋아하는 자선 단체에 여러분의 이름으로 기부를 해달라고 부탁해보세요. 새 넥타이나 신발 한 켤레, 액세서리 한 점보다 더 기분 좋지 않을까요?

<u>5</u> '무료급식소 크리스마스'를 경험해보세요

지역의 무료 급식소나 노숙자 보호시설, 푸드 뱅크 등 자원봉사자가 필요한 장소에 자신의 시간을 기부해보세요. 자신의 소중한 시간과 노력을 들여 타인에게 기여할 때, 우리는 성장

하고, 세상을 다른 방식으로 경험하며, 감사할 줄 아는 새로운 시각을 갖게 됩니다.

주는 것이 행복이다

남을 위해 기여하고 나서 느끼는 감정은 신기하다. 설명하기 어려운 감정이다. 물건을 사는 것으로는 얻을 수 없는 성취감이다. 사람을 행복하게 만들고, 미소를 짓게 만든다. 진정한 미소. 다음은 의미 있는 방식으로 남에게 기여할 수 있는 방법 중 4가지 예시이다.

첫 번째 시나리오: 찾아내서 기부하기

이렇게 해보라. 10달러를 길모퉁이에 서 있는 남자에게 준다. '10달러만큼의 여윳돈이 없다면 어떻게 하지?' 아니다. 파산한 사람이라도 10달러쯤은 포기할 수 있다. '그런데 내가 준

돈으로 술이나 사 마시면 어떡하지?' 아마 그럴 것이다. 하지만 그렇지 않다면? 굶어죽지 않으려고 음식을 산다면?

더 좋은 방법은 그 남자에게 10달러를 주는 대신 데리고 가서 음식을 사주는 것이다. 그리고 대화를 나누는 것이다. 그 사람의 인생을 바꿔놓을지도 모른다. 혹은 그 일로 느끼는 감정이 당신의 인생을 바꿔놓을지도 모른다. 때때로 기부는 모든 것을 바꿔놓는다.

우리 안에는 태어날 때부터 설계되어 있는 무언가가 있어서, 우리가 친절을 베풀거나, 기부를 하거나, 타인에게 기여할 때 매우 기분이 좋아진다.

두 번째 시나리오: 필요 없는 물건 기부하기

코트가 몇 벌이나 있는가? 청바지는 몇 벌이나 필요한가? 삶에서 불필요한 것은 또 무엇이 있는가? 나보다 더 그 물건이 필요한 누군가에게 기부하면 어떨까?

조슈아는 최근에 남는 옷 대부분을 굿윌에 기부했다. 라이언은 미니멀리즘의 여정을 시작한 후 어마어마하게 많은 물건을 구세군과 굿윌에 기부했다. 이렇게 기부한 물건은 세금 공제를 받을 수 있다.

세 번째 시나리오: 시간 기부하기

우리는 지난 토요일을 시간을 기부하는 데 썼다. 데이턴에 사는 한 가족의 집을 수리하는 일을 도왔다. 해비타트Habitat for Humanity라는 멋진 단체와 함께였다. 도움이 필요한 가족을 도울 뿐만 아니라 실용적인 기술 몇 가지도 보너스로 배울 수 있다. 우리는 무료급식소나 공원 청소, 학교 자원봉사(학습지도, 페인트칠, 보수작업 등), 그 외에 공동체 사람들에게 도움이 될 만한 일들에도 참여한다.

타인에게 줄 수 있는 가장 가치 있는 선물은 시간이다. 타인에게 어떤 방법으로 시간을 선물할 수 있을까? 다음 주 하루 날을 잡아 친구나 가족과 함께 공동체에 기여해보라. 시작으로 삼기 가장 좋은 단체는 해비타트나 지역 무료급식소이다. 반드시 즐거운 마음으로 해야 한다.

네 번째 시나리오: 내면의 목소리 듣기 & 필요한 순간에 돕기

최근 라이언이 한 식료품점에서 계산할 차례를 기다리고 있을 때, 앞에 갓난아이를 데리고 온 이십대 초반의 커플이 눈에 들어왔다. 그들은 계산대로 가져온 물건 중 몇 가지를 뒤로 빼고 있었다. 돈이 부족했기 때문이다. 그들을 돕고 싶은 충동이 일어난 라이언은 그 커플을 도와야 한다고 생각했다. 그래서 그들이 사지 못한 물건을 대신 계산해서 전해주었다.

이런 이야기를 쓰는 이유는 우리가 얼마나 괜찮은 사람들인지 알리려는 게 아니다. 우리가 기여하는 방법을 쓰는 이유는 여러분도 기여했으면 하기 때문이다. 타인에게 친절이나 관대함을 베풀라고 말하는 내면의 목소리를 여러분도 듣길 바란다. 그리고 행동으로 옮기길 바란다. 때로는 그 목소리가 너무 작아 무시하기 쉽다. 그래서 목소리의 존재를 상기시켜 주려는 것이다.

라이언은 '뭔가 해야 해'라는 느낌을 계산대 앞에서 받았을 때, 생각하지 않고 바로 행동에 옮겼다. 여러분도 똑같이 할 수 있다. 바로 행동으로 옮기도록 자신을 훈련시키면 된다.

행동으로 옮기고 기여하기

만약 지금 '해야 할까' 혹은 '하지 말아야 할까' 중에서 결정하지 못하고 망설여온 문제가 있다면 옳다고 생각하는 일을 하면 된다. 내면의 목소리에 따르면 된다. 분명 기분이 좋아질 것이다.

옳은 일을 하면 좋은 점은, 단지 기분이 좋아질 뿐만 아니라 전혀 기대하지 못했지만 도움이 필요한 시기에 보상을 받는다는 사실이다. 콜린 라이트는 이것을 '선행 나누기'라고 부른다. 효과 있는 방법이다. 기여하는 사람이 더욱 많아져야 한다. 오늘, 지금 시작하라. 변화를 만들어낼 것이다.

책 2,000권을 버리고 나니 더 많이 읽게 되었다

내게는 책이 2,000권 있었다. 사실 그보다 약간 더 많았다. 온갖 종류의 책들이었다. 하드커버, 페이퍼백, 대형 페이퍼백, 소설, 작문 및 문법책, 사진책, 자기계발서, 돌아가신 아버지의 낡은 의학 잡지, 장르 소설, 귀여운 팝업북 등이 책장 한가득 꽂혀 있었다. 일부는 이미 읽었고, 다수는 '언젠가' 읽을 예정이었다. 언젠가 그 책까지 펼쳐볼 시간이 난다면 말이다.

나는 책으로 넘쳐나는 책장이 나를 똑똑하고 멋있어 보이게 한다고 생각했다. '날 봐, 나 읽을 줄 알아. 이렇게나 많이!' 게다가 나는 그 책들이 나를 만들었다고 생각했다. 책들은 내 정체성의 일부였다. 정체성의 일부가 되어버린 물건을 없애기란 매우 힘들다. 우리가 정체성에 포함시키는 모든 것이 그렇다. 직업, 차, 집, 감상적인 물건, 바보 같은 DVD 컬렉션 등. 이런 것들은 우리의 일부가 되고, 삶에 내린 치명적인 닻이 된다. 그 닻은 우리를 항구에 묶어두어 열린 바다의 자유로부터 떼어 놓는다.

얄궂게도 내가 갖고 있던 척 팔라닉의 '파이트 클럽'이라는 책에서 본 다음 세 구절이 내 마음을 움직여, 약 1년 전에 내가 가진 책을 거의 다 버릴 수 있었다.

'문명이 기본적으로 상정하는 것들을 거부하라. 특히 물질적 소유의 중요성부터.'
'네가 가진 물건이 결국 너를 갖게 된다.'
'모든 것을 잃고 나서야 무슨 일이든 할 자유가 생긴다.'

이 문장들은 내 마음을 크게 울렸다. 팔라닉의 말이 내 말초 신경을 건드렸다. 이 문장을 몇 번이나 읽고 일주일 만에 책의 98%를 팔거나 기부했다. 그리고 킨들을 사서 선반 위 내가 가장 좋아하는 진짜 책들 옆에 놓았다. 그리고 지난달에는 그 책들마저 없앴다. 남은 것은 내가 온라인 작문 수업에 쓰는 문법

책 네 권뿐이다. 이 책들은 정기적으로 참고할 뿐 그 이상의 의미는 없다.

나온 지 오래된 책들은 아직 킨들로 볼 수가 없어 애석하다. 그런 책은 다른 곳에서(공공 도서관, 지역 소규모 서점, 온라인 등) 구해 읽고 기부할 것이다.

이제 내게는 책이 한 더미도 없지만, 나는 전보다 더 많이 읽고 있다. 시간을 들여 지식을 흡수하고, 정보를 처리하고, 교훈을 곱씹으며 많은 책을 읽는다. 하지만 책의 가치를 얻기 위해 종이로 만든 책을 보관할 필요는 없다.

생각해보라. 내가 그 먼지 앉은 책 2,000권에 얼마나 큰 가치를 부여했을지. 분명 그 책들이 지닌 진짜 가치보다 더 컸을 것이다. 진짜 가치는 단어와 읽는 행위에 있을 뿐 물리적인 책 자체에 있지 않다. 필요 없는 책으로 가득한 방은 아무런 가치가 없다. 그 책이 다른 사람에게 있을 때 더 가치 있다면 더욱 그러하다. 우리는 우리가 소유한 물건 이상이다. 빈 방에 홀로 있더라도 가치는 우리 안에 있을 뿐 소유한 물건에 있지 않다.

미니멀리스트 가족: 나 자신부터 시작하기

미니멀리즘은 아이도 가족도 부양 의무도 없는 20대 미혼 백인 남성만을 위한 것이라고 생각하고 있는가? 이 글을 읽고 있는 여러분은 그렇지 않다는 걸 알겠지만, 새로운 입문자들은 그런 오해를 하는 경우가 많다. 그들은 다음과 같은 이유로 미니멀리스트가 될 수 없다고 말한다.

- 나는 너무 나이가 많다/어리다
- 나는 고액 연봉을 포기하고 싶지 않다
- 나는 전 세계를 여행하지 않는다
- 나는 아내/아이/대가족과 함께 산다

- 나는 집에/교외에/시골에 산다

- 나는 차가/텔레비전이/가구가 있다

- 나는 그동안 모아놓은 소중한 물건들이 많다

하지만 미니멀리즘은 모든 사람에게 열려 있다. 우리가 받는 중요한 질문 중 하나는 '어떻게 가족이나 친구, 연인과 함께 미니멀리즘을 받아들일 수 있을까' 하는 것이다. 대부분 이런 식이다. "저는 정말 미니멀리스트로 살고 싶지만 제 남편/아내/아이들/애인/친구들/가족은 저와 생각이 달라요. 어떻게 해야 할까요?"

물론 모든 사람이 '미니멀리즘? 좋은 생각인데! 어디서 가입하면 돼?'라고 말하지는 않는다. 사실 보통은 그 반대다. 우리도 '혹시 사이비 종교에 가입한 건 아닌지' '중년의 위기를 너무 빨리 겪고 있는 게 아닌지'…… 우리가 사랑하고 아끼는 사람들로부터 이상한 질문을 많이 받았다.

미니멀리즘에 대해 처음 들은 사람은 이해하지 못한다. 왠지 불가사의하고, 비이성적이며, 현실에서 동떨어져 있고, 평범한 소비자로서 누리는 안전지대에서 벗어났다는 생각이 들 것이다. 다르게 말하자면 그들은 미니멀리즘이 왜 의미 있는 삶을 살기 위해 필요한 도구인지 알지 못한다.

그렇다면 친구나 가족은 아직 준비가 되어 있지 않은 상태에서 미니멀리스트가 되려면 어떻게 해야 할까? 해답은 생각보다 간단하다. 나 자신부터 시작하면 된다. 우선 주변 사람들을 위한 예시를 만들어야 한다.

- 나의 물건부터 시작한다

- 나의 옷장/서랍장을 정리한다

- 나의 시간을 사람들을 돕는 데 기부한다

- 나의 물건을 자선단체에 기부한다

- 나의 습관을 바꾼다

- 나의 운동 습관을 바꾼다

- 나의 시간을 되찾는다

- 나의 열정을 추구한다

- 나의 사명을 발견한다

나를 바꾸기 시작하면 종종 남들도 따라 온다. 내가 얻는 이익과 변화된 인생(열정, 자유, 행복)을 목격하고 그들도 함께하고 싶어 할 것이다. 처음에는 우리가 미쳤다고 생각했던 사람들 중 몇 명은 어느새 우리에게 물건을 정리하고, 기부하며, 의미 있는 삶을 살 수 있는 방법을 묻기 시작했다.

그러니, 나 자신부터 시작하자.

감사의 말

이 책의 편집 및 교정에 도움을 준 다음 분들에게 감사드린다. 버지니아 앨런, 에밀리 하이 대니얼스, 데릭 콴트, 대미안 보글, 존 폴리, 웬디 베글리. 어시메트리컬 프레스의 콜린 라이트와 톰 챔버스, 스파이어 미디어의 제프 새리스, 말라 새리스, 데이브 라튤립. 독자 여러분께 감사드린다. 이 책은 여러분을 위해 쓰였다.

지은이

조슈아 필즈 밀번·라이언 니커디머스

미니멀리스트인 이들은 자신의 웹사이트TheMinimalists.com와 책을 통해 전 세계 200만 명 이상의 독자들에게 미니멀한 삶의 가치를 알리고 있다. 이들이 펴낸 책은 베스트셀러가 되었고, 두 사람은 월스트리트저널, CBS, NBC, FOX, NPR, CBC 등 다양한 미디어를 통해 알려졌다. 하버드 비즈니스 스쿨, 테드TED를 비롯하여 다양한 기관과 학교에서 강연을 하기도 한다. 미니멀한 삶뿐만 아니라 삶에서 열정을 추구하는 법, 건강, 인간관계, 소셜 미디어 등 다양한 분야를 아우르는 주제로 사람들과 소통한다.

미니멀리스트

초판 1쇄 펴낸날 2015년 1월 5일
초판 2쇄 펴낸날 2016년 2월 5일

지은이 조슈아 필즈 밀번 · 라이언 니커디머스
펴낸이 이상규
편집인 김훈태
디자인 엄혜리
마케팅 남성진

펴낸곳 이상미디어
등록번호 209-06-98501
등록일자 2008. 09. 30
주소 서울시 성북구 정릉동 667-1 4층
대표전화 02-913-8888
팩스 02-913-7711
e-mail leesangbooks@gmail.com

ISBN 978-89-94478-49-4 03320